L'Étranger (1942)
CAMUS

PAR MARIE-ODILE ANDRÉ
agrégée des lettres

SOMMAIRE

■ **1. Extrait de la première partie, chapitre 1**
— Début du roman
COMMENTAIRE COMPOSÉ.............. 3

■ **2. Extrait de la première partie, chapitre 1**
— La morgue
PLAN RÉDIGÉ[1]................... 10

■ **3. Extrait de la première partie, chapitre 2**
— Le dimanche
EXPLICATION DE TEXTE 18

■ **4. Extrait de la première partie, chapitre 5**
— Marie
PLAN RÉDIGÉ[1]................... 26

■ **5. Extrait de la première partie, chapitre 5**
— Salamano
COMMENTAIRE COMPOSÉ.............. 34

■ **6. Extrait de la première partie, chapitre 6**
— Le meurtre de l'Arabe
COMMENTAIRE COMPOSÉ.............. 40

■ **7. Extrait de la seconde partie, chapitre 3**
— Le procès
COMMENTAIRE COMPOSÉ.............. 48

■ **8. Extrait de la seconde partie, chapitre 4**
— Le verdict
EXPLICATION DE TEXTE 55

■ **9. Extrait de la seconde partie, chapitre 5**
— La scène avec l'aumônier
PLAN RÉDIGÉ[1]................... 63

■ **10. Extrait de la seconde partie, chapitre 5**
— La dernière page du roman
EXPLICATION DE TEXTE 71

---

1. Ce plan rédigé peut être utilisé dans la perspective d'un commentaire composé ou celle d'une lecture de texte par centres d'intérêt en vue de l'oral (lecture méthodique).

© HATIER PARIS SEPTEMBRE 1991
ISSN 0750-2516   ISBN 2-218-03542-1

Toute représentation, traduction, adaptation ou reproduction, même partielle, par tous procédés, en tous pays, faite sans autorisation préalable est illicite et exposerait le contrevenant à des poursuites judiciaires. Réf. : loi du 11 mars 1957, alinéas 2 et 3 de l'article 41 • Une représentation ou reproduction sans autorisation de l'éditeur ou du Centre Français d'Exploitation du droit de Copie (3, rue Hautefeuille, 75006 Paris) constituerait une contrefaçon sanctionnée par les articles 425 et suivants du Code Pénal.

1 Extrait de la première partie, chapitre 1

Début du roman[1]

Aujourd'hui, maman est morte. Ou peut-être hier, je ne sais pas. J'ai reçu un télégramme de l'asile : «Mère décédée. Enterrement demain. Sentiments distingués.» Cela ne veut rien dire. C'était peut-être hier.

L'asile de vieillards est à Marengo, à quatre-vingts kilomètres d'Alger. Je prendrai l'autobus à deux heures et j'arriverai dans l'après-midi. Ainsi, je pourrai veiller et je rentrerai demain soir. J'ai demandé deux jours de congé à mon patron et il ne pouvait pas me les refuser avec une excuse pareille. Mais il n'avait pas l'air content. Je lui ai même dit : «Ce n'est pas de ma faute.» Il n'a pas répondu. J'ai pensé alors que je n'aurais pas dû lui dire cela. En somme, je n'avais pas à m'excuser. C'était plutôt à lui de me présenter ses condoléances. Mais il le fera sans doute après-demain, quand il me verra en deuil. Pour le moment, c'est un peu comme si maman n'était pas morte. Après l'enterrement, au contraire, ce sera une affaire classée et tout aura revêtu une allure plus officielle.

J'ai pris l'autobus à deux heures. Il faisait très chaud. J'ai mangé au restaurant, chez Céleste, comme d'habitude. Ils avaient tous beaucoup de peine pour moi et Céleste m'a dit : «On n'a qu'une mère.» Quand je suis parti, ils m'ont accompagné à la porte. J'étais un peu étourdi parce qu'il a fallu que

---

[1]. Les intertitres ne sont pas de Camus. Ils donnent l'idée d'ensemble de chacun des dix textes.
Toutes les références de pages se rapportent à l'édition Gallimard, collection Folio; ici, pages 9 à 11.

je monte chez Emmanuel pour lui emprunter une cravate noire et un brassard. Il a perdu son oncle, il y a quelques mois.

J'ai couru pour ne pas manquer le départ. Cette hâte, cette course, c'est à cause de tout cela sans doute, ajouté aux cahots, à l'odeur d'essence, à la réverbération de la route et du ciel, que je me suis assoupi. J'ai dormi pendant presque tout le trajet. Et quand je me suis réveillé, j'étais tassé contre un militaire qui m'a souri et qui m'a demandé si je venais de loin. J'ai dit «oui» pour n'avoir plus à parler.

COMMENTAIRE COMPOSÉ

(INTRODUCTION[1])

Première page du roman, cet extrait livre sans préambule au lecteur, à travers un récit à la première personne, les réactions d'un homme qui se trouve confronté à la mort de sa mère. Pour le comprendre et le connaître, le lecteur n'a en main qu'une pièce du dossier : le texte qu'écrit le personnage. Aussi, aux questions qu'il se pose sur cet homme, le lecteur doit-il s'efforcer de répondre sans précipitation excessive. L'attitude déconcertante de Meursault ne doit pas, en effet, faire oublier la complexité extrême du personnage et l'étrangeté de son rapport avec le langage.

(UNE ATTITUDE DÉCONCERTANTE)

L'attitude de Meursault face au décès de sa mère a largement de quoi déconcerter le lecteur. Le récit de l'annonce de la mort de sa mère et des quelques heures qui

---

[1]. Pour faciliter la compréhension immédiate de notre commentaire, nous avons indiqué, chaque fois entre parenthèses, l'idée centrale de chaque partie. Il est bien évident que cette indication ne doit jamais figurer dans une copie.

suivent laisse apparaître des réactions bien étranges de la part de Meursault. Il prend son repas sans rien changer à ses habitudes et se rend donc tout naturellement, semble-t-il, au restaurant : «J'ai mangé au restaurant, chez Céleste, comme d'habitude» (l. 23-24) ; il s'endort dans l'autobus qui le conduit à Marengo : «je me suis assoupi» (l. 34-35), «J'ai dormi pendant presque tout le trajet» (l. 35).

En fait, dès la réception du télégramme, Meursault donne l'impression d'aborder les choses d'une curieuse manière. On s'étonne de le voir affirmer : «Cela ne veut rien dire» (l. 4) face à un message qui, annonçant «Mère décédée» (l. 3), apporte une information aussi nette que dramatique. De même, la place respective des mots «aujourd'hui» et «hier» au début et à la fin du premier paragraphe témoigne-t-elle d'un curieux décalage. La préoccupation principale de Meursault semble porter davantage sur le jour du décès – «aujourd'hui» ou «hier» – que sur la mort de sa mère.

De plus, certains termes employés par Meursault pour parler du décès de sa mère – «jours de congé» (l. 10), «excuse» (l. 11), «affaire classée» (l. 20) – choquent, tant ils semblent manifester d'indifférence et de désinvolture.

Meursault semble surtout ennuyé par ce qui arrive, comme en témoigne son besoin de s'excuser auprès de son patron auquel il explique : «Ce n'est pas de ma faute» (l. 13). En revanche, il ne paraît guère ému : pas le moindre vocabulaire psychologique susceptible d'exprimer un sentiment n'est présent dans le texte. Significativement, la seule émotion à laquelle il soit fait allusion concerne non pas Meursault mais ses amis et connaissances chez Céleste : «Ils avaient tous beaucoup de peine pour moi» (l. 24-25). Cette réaction de compassion de gens anonymes fait ressortir, par contraste, l'absence d'émotion de Meursault.

Cette première page nous fait donc découvrir un personnage au comportement déroutant, et l'on peut même trouver Meursault monstrueux à force de sécheresse de cœur. Encore faut-il examiner en profondeur le personnage avant d'entériner cette première impression.

(COMPLEXITÉ DE MEURSAULT)

Meursault est-il donc un monstre dans sa manière de réagir à la mort de sa mère ? Le personnage ne manifeste pourtant aucune mauvaise volonté particulière ; il cherche même à se comporter du mieux qu'il peut.

Il s'efforce spontanément de respecter les règles tacites du rituel mortuaire. Ainsi décide-t-il de partir sans attendre pour Marengo. Il prévoit aussi d'assister à la veillée et à l'enterrement et demande une autorisation d'absence à son patron (l. 9-10). Par ailleurs, il se conforme aux habitudes vestimentaires en vigueur : il semble considérer comme naturel de porter des vêtements de deuil – «quand il me verra en deuil» (l. 17) – et prend la peine de passer «chez Emmanuel pour lui emprunter une cravate noire et un brassard» (l. 28-29).

Meursault a donc le souci de se comporter selon les règles ; si étrangeté il y a, celle-ci n'a rien à voir avec un quelconque goût de la provocation : au contraire, ce qui frappe, c'est que Meursault cherche à bien faire.

D'ailleurs, quand les autres respectent le rituel, tout se déroule normalement. C'est le cas chez Céleste où les habitués adoptent une attitude conforme aux circonstances. Ils manifestent leur compassion : Emmanuel prête brassard et cravate (l. 28-29) ; ils adressent à Meursault leurs condoléances – «On n'a qu'une mère» (l. 25-26), dit Céleste – et accomplissent les gestes attendus : «Ils m'ont accompagné à la porte» (l. 26-27). Si leur attitude paraît conventionnelle, rien dans le texte ne laisse supposer que Meursault rejette ces marques de sympathie.

En revanche, si autrui semble, aux yeux de Meursault, ne pas respecter le jeu normal des convenances, ce dernier est aussitôt perdu. C'est ainsi qu'il perd pied dans sa conversation avec son patron. A tort ou à raison, Meursault a l'impression que ce dernier éprouve de la mauvaise humeur face à sa demande : «Mais il n'avait pas l'air content» (l. 12). De même, l'expression «Il n'a pas répondu» (l. 13), semble perçue par Meursault comme un silence désapprobateur. La phrase : «Je lui ai même dit : ''Ce n'est pas de ma faute''» (l. 12-13), suggère un effort de justification qui vise à le disculper d'une accusation implicite.

En fait, sommé, croit-il, de s'expliquer, Meursault se sent

coupable. S'éclaire dès lors l'emploi, dans son récit, de termes qui paraissent aussi inadéquats que «congé» (l. 10), ou «excuse» (l. 11) : Meursault ne transcrit-il pas les termes qu'il prête à son patron? C'est ce dernier qui penserait : «Il cherche une excuse pour avoir deux jours de congé.» D'ailleurs, plus Meursault cherche à se disculper, plus il s'enferre : «J'ai pensé alors que je n'aurais pas dû lui dire cela» (l. 13-14), montre bien que son effort de justification n'a fait qu'aggraver les choses. Meursault cherche alors à se raccrocher au rituel pour retrouver ses repères. Il compte sur les vêtements de deuil pour prouver sa bonne foi (l. 16-17), ainsi que sur l'enterrement qui officialisera l'événement : «Après l'enterrement au contraire, ce sera une affaire classée et tout aura revêtu une allure plus officielle» (l. 19-21). Le jeu sur le mot «revêtu» souligne bien le processus d'officialisation. En fait, Meursault sera alors débarrassé de l'obligation de s'expliquer puisque les signes extérieurs de sa situation seront clairement visibles. C'est dans ce sens qu'on peut comprendre la formule si choquante en apparence d'«affaire classée» : il ne s'agit pas tant de tirer un trait sur l'événement que de voir cet événement rangé, étiqueté et donc reconnu par tous, sans qu'il soit désormais nécessaire de s'en expliquer.

En fait, l'attitude de Meursault avec son patron souligne un trait fondamental de sa personnalité : sa difficulté à parler. Ainsi, sa bizarrerie réside-t-elle moins dans son attitude déconcertante vis-à-vis du décès de sa mère que dans le rapport étrange qu'il entretient avec le langage. Puisque c'est Meursault lui-même qui raconte sa propre histoire, il convient d'analyser de près ce rapport et les conséquences qui en découlent pour son récit.

(MEURSAULT ET LE LANGAGE)

Le curieux rapport de Meursault avec le langage se manifeste dès le premier paragraphe à propos du télégramme. Il réagit au langage extrêmement codifié de ce dernier : «Mère décédée. Enterrement demain. Sentiments distingués» (l. 3-4). Sa remarque : «Cela ne veut rien dire» (l. 4) prouve que la formulation ne lui paraît guère satisfaisante. D'ailleurs, il essaye de traduire «Mère décédée» en une formule plus appropriée : «Aujourd'hui, maman est morte» (l. 1). Mais il se heurte aussitôt à un nouveau problème. Sa phrase n'est peut-être pas exacte puisqu'il ne connaît pas la date du décès. De là, la correction qu'il apporte à l'énoncé initial : «Ou peut-être hier, je ne sais pas» (l. 1-2).

Cette attitude face au langage, qui fait de Meursault un véritable puriste, est fondamentale : non seulement elle est au centre de sa personnalité, comme la suite du roman le confirmera, mais elle est déterminante pour le récit. Dans la mesure où Meursault raconte lui-même son histoire, son attitude envers le langage se retrouve dans sa manière de rapporter ce qui lui est arrivé.

Ainsi Meursault procède-t-il au compte rendu méthodique de toutes les actions concrètes qu'il a accomplies ou qu'il a l'intention d'effectuer : «J'ai reçu un télégramme» (l. 2) ; «Je prendrai l'autobus» (l. 7) ; «J'ai mangé au restaurant» (l. 23) ; «il a fallu que je monte chez Emmanuel» (l. 26-27) ; «J'ai couru» (l. 31) ; «J'ai dormi» (l. 35). Il entoure aussi son récit d'un luxe de précisions spatio-temporelles et de détails matériels. A propos des lieux, Meursault prend la peine de spécifier que l'asile de vieillards est «à Marengo, à quatre-vingts kilomètres d'Alger» (l. 6-7). De même, le texte abonde-t-il en notations d'ordre temporel comme «à deux heures» (l. 7-8), «dans l'après-midi» (l. 8), «demain soir» (l. 9), «à deux heures» (l. 22), «il y a quelques mois» (l. 29-30). On constatera également la présence d'un certain nombre d'indications matérielles concernant la température («Il faisait très chaud», l. 22-23) et les conditions de son voyage en autobus («cahots», «odeur d'essence», «réverbération de la route et du ciel», l. 33-34).

Bref, pour tout ce qui est concret et tangible, Meursault fait preuve d'un goût presque maniaque de la précision. Cette attitude rend plus frappante encore, par contraste, l'absence déjà signalée de toute notation psychologique. Tout se passe comme si Meursault manifestait de la réticence à évoquer ses réactions intérieures. D'ailleurs, plusieurs formules qu'il utilise en tant que narrateur expriment sa propension à prêter à ses réactions des causes purement matérielles. C'est ainsi qu'il remarque : «J'étais un peu étourdi» (l. 27) et explique son état par une raison tout extérieure : «parce qu'il a fallu que je monte chez Emmanuel» (l. 27-28). De même Meursault, pour expliquer son assoupissement dans l'autobus, invoque-t-il «cette hâte, cette course» (l. 31-32) auxquelles s'ajoutent «les cahots», «l'odeur d'essence» et «la réverbération de la route et du ciel» (l. 33-34). Comment faut-il dans ces conditions interpréter l'expression : «c'est à cause de tout cela sans doute [...] que je me suis assoupi» (l. 32-35)? Que recouvre exactement le «tout cela» et l'hésitation qu'introduit le «sans doute»?

Il semble, en fait, que Meursault préfère formuler ses impressions sous une forme minimale. S'il n'est pas facile de savoir ce qu'il ressent ou ne ressent pas, il est en revanche possible d'affirmer que Meursault n'aime guère parler de lui ou s'expliquer sur lui-même. C'était le cas, on l'a vu, avec le patron. C'est aussi le cas, à la fin de l'extrait, avec le militaire. Sa réponse plus que laconique : «J'ai dit "oui" pour n'avoir plus à parler» (l. 38-39), résume bien sa personnalité et sa réticence vis-à-vis du langage. Mais puisque c'est Meursault qui raconte, nous pouvons légitimement nous demander s'il n'adopte pas la même attitude dans son récit, et donc vis-à-vis du lecteur potentiel. Dans ces conditions, ce dernier doit prendre conscience qu'il a affaire à un personnage largement opaque qui ne livre que ce qu'il veut bien livrer.

■■■■ (CONCLUSION)

Cette première page de *L'Étranger* confronte le lecteur à la complexité du personnage et aux subtilités du récit à la première personne : cette forme de récit nous prive de tout recul et nous rend, par là même, tributaire de l'approche proposée par le personnage. Le danger, dès lors, serait de juger trop vite.

Camus tend en effet un piège à son lecteur à travers le mode de récit qu'il adopte : la tentation est grande de condamner d'emblée le personnage pour insensibilité et de faire ainsi par avance le procès de Meursault. Si, au contraire, le lecteur prend la peine d'analyser en profondeur le personnage, il découvre qu'un des enjeux essentiels du texte est l'attitude très particulière de Meursault vis-à-vis du langage.

2 Extrait de la première partie, chapitre 1

La morgue[1]

Je suis entré. C'était une salle très claire, blanchie à la chaux et recouverte d'une verrière. Elle était meublée de chaises et de chevalets en forme de X. Deux d'entre eux, au centre, supportaient une bière recouverte de son couvercle. On voyait seulement des vis brillantes, à peine enfoncées, se détacher sur les planches passées au brou de noix. Près de la bière, il y avait une infirmière arabe en sarrau blanc, un foulard de couleur vive sur la tête.

A ce moment, le concierge est entré derrière mon dos. Il avait dû courir. Il a bégayé un peu : «On l'a couverte, mais je dois dévisser la bière pour que vous puissiez la voir.» Il s'approchait de la bière quand je l'ai arrêté. Il m'a dit : «Vous ne voulez pas?» J'ai répondu : «Non.» Il s'est interrompu et j'étais gêné parce que je sentais que je n'aurais pas dû dire cela. Au bout d'un moment, il m'a regardé et il m'a demandé : «Pourquoi?» mais sans reproche, comme s'il s'informait. J'ai dit : «Je ne sais pas.» Alors, tortillant sa moustache blanche, il a déclaré sans me regarder : «Je comprends.» Il avait de beaux yeux, bleu clair, et un teint un peu rouge. Il m'a donné une chaise et lui-même s'est assis un peu en arrière de moi. La garde s'est levée et s'est dirigée vers la sortie. A ce moment, le concierge m'a dit : «C'est un chancre qu'elle a.» Comme je ne comprenais pas, j'ai regardé l'infirmière et j'ai vu qu'elle portait sous les yeux un bandeau qui faisait le tour de la tête. A la hauteur du nez, le bandeau était plat. On ne voyait que la blancheur du bandeau dans son visage.

---

1. Pages 13 à 15 dans l'édition Folio.

PLAN RÉDIGÉ

(pour un commentaire composé ou une lecture méthodique en vue de l'oral)

PRÉSENTATION

Au début du roman, Meursault apprend par un télégramme la mort de sa mère. Il demande alors deux jours de congé pour se rendre à l'asile de Marengo et assister à l'enterrement. En arrivant, il rencontre le directeur qui le conduit jusqu'à la morgue où repose, dans une bière, le corps de sa mère. Meursault pénètre seul dans la pièce avant que ne l'y rejoigne, quelques instants plus tard, le concierge.

1. LA MORGUE VUE PAR MEURSAULT

Sensibilité à la lumière

Dans la perception qu'il a de la pièce, Meursault est surtout sensible à la lumière et aux contrastes de couleur. L'impression de luminosité se traduit par différents termes : a «salle très claire» (l. 1) tire son éclairage d'une «verrière» (l. 2) ; les «vis» sont «brillantes» (l. 6) ; même les yeux du concierge sont «bleu clair» (l. 22). Cette clarté intense est redoublée par l'omniprésence du blanc : blancheur des murs («blanchie à la chaux», l. 1-2), blancheur des vêtements de l'infirmière («une infirmière arabe en sarrau blanc», l. 8 ; la «blancheur du bandeau dans son visage», l. 29-30), blancheur enfin des moustaches du concierge («tortillant sa moustache blanche», l. 20).

Par contraste, ressortent aux yeux de Meursault les éléments foncés : il note le marron presque noir des «planches passées au brou de noix» (l. 7). Il est également attentif aux couleurs vives qui éclatent dans toute cette blancheur : le «foulard de couleur vive» (l. 8-9) de l'infirmière et le «teint un peu rouge» (l. 22) du concierge.

Description méticuleuse de la pièce

En plus de la perception très nette des contrastes colorés, la vision de Meursault se caractérise par une approche extrêmement complète de la pièce. Son regard progresse selon un mouvement qui lui permet de passer de son pourtour extérieur jusqu'à son centre.

Il remarque d'abord, en un coup d'œil panoramique, tout ce qui concerne les murs et le plafond : la pièce est «blanchie à la chaux et recouverte d'une verrière» (l. 1-2) ; puis il observe le mobilier que l'on imagine plus ou moins rangé le long des murs (la salle «était meublée de chaises et de chevalets en forme de X», l. 2-3) ; il fixe enfin son regard sur le centre de la pièce («Deux d'entre eux, au centre, supportaient une bière recouverte de son couvercle», l. 4-5). De même est-il extraordinairement sensible au moindre détail, comme le montre sa description presque tatillonne des «vis» (l. 6). Aucun détail matériel, même le plus infime, ne lui échappe, tant est grande l'acuité de son regard.

Bizarrerie du point de vue

Si l'on est sensible à l'extrême précision avec laquelle Meursault perçoit tout ce qui accroche son regard, l'on est pas moins surpris par l'étrangeté de son approche. On se serait attendu, en effet, à le voir repérer immédiatement la bière : elle contient le corps de sa mère et c'est pour elle qu'il est dans cette pièce. Or, non seulement il ne la remarque pas tout de suite (il n'en est question que dans la quatrième phrase de l'extrait, l. 4), mais encore il ne semble pas l'identifier, comme en témoigne l'emploi de l'article indéfini «une» qui fait de cette bière une bière anonyme. Chose plus étonnante encore, voire choquante, il n'évoque à aucun moment sa mère morte reposant dans ce cercueil. Semble intervenir seulement un point de vue matériel sans qu'apparaisse la moindre dimension psychologique et affective. Du coup, Meursault donne l'impression d'une totale indifférence.

Pourtant, le regard étrange que Meursault porte sur ce qui l'entoure ne concerne pas uniquement sa mère. Il a exactement la même attitude envers les objets et les êtres qui se trouvent dans la pièce. Meursault se borne, en effet, à constater la présence des chevalets et des chaises sans donner l'impression d'en saisir la fonction. Il en reste à une perception purement sensorielle des choses; il ne les envisage en aucun cas d'un point de vue intellectuel dans leur signification humaine et sociale. De même porte-t-il un regard insolite sur l'infirmière. Il n'évoque la présence de ce personnage que tardivement, après avoir décrit les objets meublant la pièce (l. 8). De plus, il note seulement des détails matériels qui paraissent anecdotiques (le sarrau, le foulard), sans remarquer, en revanche, ce qui pourtant peut paraître à la fois le plus frappant (le bandeau qu'elle porte en travers du visage) et le plus horrible (l'absence de nez). Il lui faudra faire un réel effort à la fin de l'extrait pour comprendre ce qu'a voulu dire le concierge («A ce moment, le concierge m'a dit : "C'est un chancre qu'elle a." Comme je ne comprenais pas [...]», l. 25-26). Cet effort est suggéré par la répétition appliquée et insistante du mot «bandeau» (l. 28, 29 et 30). Encore ne formule-t-il pas jusqu'au bout les choses, puisqu'il se borne à noter : «le bandeau était plat» (l. 29) sans en tirer la conséquence qui s'impose.

Le regard que Meursault porte sur ce qui l'entoure témoigne d'une bizarrerie qu'on retrouve aussi dans le dialogue avec le concierge.

■ 2. MEURSAULT FACE AU CONCIERGE

Le refus de Meursault

La première marque de bizarrerie de Meursault, c'est sa réaction de refus quand le concierge lui propose d'ouvrir la bière. Il serait normal, décent, qu'un fils veuille voir une dernière fois le visage de sa mère : ainsi l'exigent les convenances. C'est une telle évidence pour tout le monde que le directeur l'y invitera à la fin de leur entretien[1]. On n'a d'ailleurs pas encore définitivement mis en place les vis qui maintiennent le couvercle du cercueil («à peine enfoncées», l. 6) pour pouvoir l'ouvrir une dernière fois, comme se dispose à le faire le concierge (l. 11-13). Or, Meursault,

---

1 Cf. édition Folio, p. 12.

qui semblait pourtant prêt à sacrifier à ce rituel[1], refuse d'un geste : « Il s'approchait de la bière quand je l'ai arrêté » (l. 13-14). Cette manière de ne pas parler – ou le moins possible – aggrave encore ici une attitude bien peu conforme à ce que l'on attend de lui.

Le mutisme de Meursault

La bizarrerie du refus de Meursault est redoublée par le fait qu'il ne donne pas d'explication. Ne parlant pas ou très peu, il ne peut se justifier. On a vu qu'il signifiait par un simple geste son refus de voir sa mère. A la première question du concierge, il se contente de répondre par un monosyllabe : « J'ai répondu : "Non" » (l. 14-15). Si le style direct souligne la netteté de la réponse, il en marque aussi l'extrême laconisme. De même, à la deuxième question du concierge, pourtant plus directe (« il m'a demandé : "Pourquoi?" », l. 17-18), Meursault ne répond pas non plus véritablement (« J'ai dit : "Je ne sais pas" », l. 19). Il n'a pas su – ou pu, ou voulu – mettre à profit le temps de réflexion du concierge (« Au bout d'un moment », l. 17) pour trouver, sinon une vraie réponse, du moins quelque chose qui puisse satisfaire ce dernier.

Meursault ne peut ou ne veut s'expliquer et c'est cette réticence qui lui sera le plus vivement reprochée plus tard. Mais, en fait, s'il ne parle pas, c'est bien parce qu'il est incapable de trouver lui-même ce qui l'a poussé à agir ainsi ; c'est une impulsion qu'il répugne à analyser et sa réponse : « Je ne sais pas » (l. 19) paraît, de son point de vue, totalement honnête.

La culpabilité de Meursault

Meursault n'est pas, pour autant, totalement satisfait de sa propre réaction : « J'étais gêné parce que je sentais que je n'aurais pas dû dire cela » (l. 15-16). Le verbe « sentir » marque bien l'idée d'une intuition : il se rend compte confusément qu'il ne se comporte pas selon les normes mais cette intuition intervient, comme souvent, *a posteriori*. Meursault a eu, par exemple, une réaction similaire lors de sa conversation avec son patron[2].

---

1. Cf. édition Folio, p. 9.
2. Ibidem, p. 11.

A peine Meursault a-t-il parlé qu'il perçoit combien ses paroles sont inappropriées. Peut-être sent-il ici qu'il aurait dû fournir une explication qui aurait satisfait le concierge; mais il est trop tard pour revenir sur le laconisme de son «Non». Il en éprouve un certain malaise qu'exprime le verbe «j'étais gêné» (l. 15); on peut même parler d'une espèce de culpabilité latente éprouvée par Meursault qui semble craindre ici – prémonitoirement? – d'être jugé et mal jugé; le prouve la manière dont il précise à propos du ton du concierge : «Il m'a demandé : "Pourquoi?" mais sans reproche, comme s'il s'informait» (l. 17-19). C'est bien parce qu'il redoute ces reproches qu'il précise justement que le ton du concierge en est, du moins en apparence, dénué. Mais qu'en est-il exactement de la réaction de ce dernier?

■ 3. LE CONCIERGE

La fonction du concierge

Le concierge a affaire à Meursault dans le cadre de son travail : c'est lui qui l'avait accueilli à son arrivée et conduit chez le directeur[1]. Il le rejoint maintenant pour continuer à jouer son rôle : «Le concierge est entré derrière mon dos» (l. 10-11). Même s'il est légèrement en retard, on le sent néanmoins empressé dans l'accomplissement de sa tâche : «Il avait dû courir. Il a bégayé un peu» (l. 11). Son rôle auprès de Meursault est simple; il consiste à montrer le corps de la défunte à son fils : «je dois dévisser la bière pour que vous puissiez la voir» (l. 12-13). C'est là, pour lui, une tâche qui relève de l'évidence et qu'il accomplit régulièrement. Il ne fait, d'ailleurs, qu'exécuter les ordres reçus une fois pour toutes du directeur de l'asile («je dois»). Mais son travail ne se limite pas à cela puisqu'il s'occupe des différentes phases du rituel mortuaire et y participe lui-même en en respectant scrupuleusement les conventions : «Il m'a donné une chaise et lui-même s'est assis un peu en arrière de moi» (l. 22-24). Bref, rien dans ce travail de routine, qu'il accomplit avec diligence, ne le prépare à la réaction de Meursault.

---

1. Cf. édition Folio, p. 11.

La perplexité du concierge

Face à Meursault qui, lui, ne respecte pas les conventions, l'étonnement du concierge va grandissant. Sa perplexité se manifeste d'abord par des questions. La première («Il m'a dit : "Vous ne voulez pas?"», l. 14), correspond à une demande de confirmation mais aussi, implicitement, à une demande d'explication.

Quant à la deuxième question, elle est, celle-là, beaucoup plus explicite et prouve que le concierge ne saurait se contenter de la première réponse de Meursault. Cette question, d'ailleurs directe et lapidaire («Pourquoi?», l. 18), montre un concierge qui voudrait avoir l'explication qui ne lui a pas été fournie auparavant. On sent que, dans son étonnement, il a besoin, avant tout, d'une raison plausible qui le rassure par rapport à une situation pour lui insolite. D'ailleurs, sa perplexité se manifeste aussi par le moment de silence et de réflexion qui sépare ses deux questions («Au bout d'un moment», l. 17), par son regard («il m'a regardé», l. 17), et, après la deuxième réponse évasive de Meursault, par le geste machinal qui est le sien : «tortillant sa moustache blanche» (l. 20). En réalité, le quasi-mutisme de Meursault, plus peut-être que son refus lui-même, le laisse dans un état de profonde perplexité.

L'attitude ambiguë du concierge

Par sa réponse : «Je comprends» (l. 21), le concierge semble pourtant accepter l'attitude et le refus de Meursault. L'affirmation prend même un certain poids à travers l'emploi de «il a déclaré» (l. 20) comme verbe introducteur. Mais, en même temps, tout dans son attitude tend à démentir ses paroles comme l'atteste un jeu de regards significatif : dans un premier temps, le concierge, attendant encore une explication de Meursault, le regarde («il m'a regardé», l. 17) mais ensuite sa manière de parler en détournant les yeux («il a déclaré sans me regarder : "Je comprends"», l. 20-21) exprime son malaise.

En fait, le concierge ne comprend pas. De même, lors du procès, détournera-t-il les yeux[1] : ici, comme là, le

---

[1]. Cf. édition Folio, p. 138.

concierge est très partagé. Il sait que Meursault n'agit pas selon les convenances mais, en même temps, il ne se montre ni intolérant ni agressif : «comme s'il s'informait» (l. 18-19). Étonné et perplexe, il ne s'empresse pourtant pas de juger. Au procès, significativement, c'est plus l'exploitation faite par les autres de son témoignage que le témoignage lui-même qui sera accablant pour Meursault.

Avec sa remarque sur le chancre, à la fin de l'extrait (l. 25), le concierge fait encore un effort pour dissiper le malaise qui s'est instauré entre lui et Meursault; la formule, avec son style oral et son ton ordinaire : «A ce moment, le concierge m'a dit : ''C'est un chancre qu'elle a''» (l. 25-26), en témoigne. Il tente de retrouver un terrain d'entente, celui de la «normalité» à travers le sujet de conversation obligé et inépuisable de la maladie. Il imagine que Meursault a remarqué ce qu'a de particulier le visage de l'infirmière et lui fournit donc une explication. Mais on mesure en cette occasion tout ce qui sépare Meursault du concierge : en fait, le premier n'a rien remarqué, et ne comprend pas d'abord ce que le second veut dire («Comme je ne comprenais pas», l. 26).

CONCLUSION

Cet extrait du premier chapitre de *L'Étranger* livre un des signes de l'attitude peu conventionnelle de Meursault face à la mort de sa mère; d'autres détails, tout au long du chapitre, confirmeront ce comportement : il fume une cigarette, boit du café au lait et ne pleure à aucun moment. C'est donc un passage important qui peint la personnalité de Meursault et son attitude décalée par rapport à quelque chose d'aussi codifié que le rituel de la mort : affectivement et socialement, Meursault ne semble pas réagir comme les autres; il n'obéit pas, en tout cas, à ce que l'on attend de lui. Dès ce chapitre, se met en place l'idée de son étrangeté.

Par ailleurs, ce passage est essentiel par rapport à la deuxième partie du roman. Le fait que Meursault n'ait pas voulu voir une dernière fois le visage de sa mère ainsi que tous les détails que nous signalions plus haut seront accablants lors du procès, parce que la justice utilisera contre lui ces éléments pour présenter Meursault comme un être asocial et, à ce titre, dangereux.

3 Extrait de la première partie, chapitre 2

Le dimanche[1]

Après le déjeuner, je me suis ennuyé un peu et j'ai erré dans l'appartement. Il était commode quand maman était là. Maintenant il est trop grand pour moi et j'ai dû transporter dans ma chambre la table de la salle à manger. Je ne vis plus que dans cette pièce, entre les chaises de paille un peu creusées, l'armoire dont la glace est jaunie, la table de toilette et le lit de cuivre. Le reste est à l'abandon. Un peu plus tard, pour faire quelque chose, j'ai pris un vieux journal et je l'ai lu. J'y ai découpé une réclame des sels Kruschen et je l'ai collée dans un vieux cahier où je mets les choses qui m'amusent dans les journaux. Je me suis aussi lavé les mains et, pour finir, je me suis mis au balcon.

Ma chambre donne sur la rue principale du faubourg. L'après-midi était beau. Cependant, le pavé était gras, les gens rares et pressés encore. C'étaient d'abord des familles allant en promenade, deux petits garçons en costume marin, la culotte au-dessous du genou, un peu empêtrés dans leurs vêtements raides, et une petite fille avec un gros nœud rose et des souliers noirs vernis. Derrière eux, une mère énorme, en robe de soie marron, et le père, un petit homme assez frêle que je connais de vue. Il avait un canotier, un nœud papillon et une canne à la main. En le voyant avec sa femme, j'ai compris pourquoi dans le quartier on disait de lui qu'il était distingué.

---

1. Pages 36-37 dans l'édition Folio.

EXPLICATION DE TEXTE

SITUATION DU PASSAGE

Au récit de l'enterrement succède, au chapitre 2, l'évocation de la journée du samedi et de celle du dimanche. Quand Meursault se réveille le dimanche matin, Marie est déjà partie et il se retrouve seul pour affronter une journée qu'il n'aime pas[1].

COMPOSITION ET MOUVEMENT

La manière très particulière qu'a Meursault de passer sa journée contribue à renforcer l'impression d'étrangeté que produit le comportement du personnage depuis le début du roman. Dans le passage qui nous intéresse, son activité se borne, en effet, à peu de chose. Dans un premier temps, il s'occupe à quelques actions d'apparence fort dérisoire à l'intérieur de l'appartement (l. 1 à 14). Puis il s'installe à son balcon et regarde passer les gens dans la rue (l. 15 à 27).

EXPLICATION SUIVIE

Meursault dans son appartement
(l. 1 à 14)

- **De «Après le déjeuner» à «à l'abandon»** (l. 1 à 8)

La première phrase place d'emblée l'après-midi sous le signe de l'ennui : «Après le déjeuner, je me suis ennuyé un peu et j'ai erré dans l'appartement» (l. 1-2). Cet ennui semble se caractériser par un total désœuvrement et par l'incapacité à se fixer («j'ai erré»). On notera que si cet ennui est évoqué dans sa dimension matérielle – absence d'activité et errance dans l'appartement –, il n'est en aucun cas explicité dans sa dimension psychologique.

Pourtant, l'errance dans l'appartement pourrait suggérer un certain désarroi. Le fait toutefois que Meursault soit le narrateur confère au texte toute son ambiguïté : ou bien ce

---

[1]. Cf. édition Folio, p. 36.

qu'il dit correspond à ce qu'il éprouve, auquel cas il n'éprouverait que des émotions embryonnaires, ou il ne dit qu'une part de ce qu'il ressent. A cette question, le texte se garde bien de répondre. Cependant, le verbe «errer» paraît témoigner d'une perception subjective dans la mesure où il suggère que Meursault ressent l'espace de l'appartement comme trop grand pour lui.

Il est, en effet, significatif que le narrateur passe de l'idée de sa déambulation désœuvrée à l'évocation de sa mère («Il était commode quand maman était là», l. 2-3) et au constat de la taille désormais inappropriée de son logement : «Maintenant il est trop grand pour moi» (l. 3-4). L'adéquation des lieux à ses deux anciens occupants qu'exprime l'adjectif «commode» contraste, de manière frappante, avec l'inadéquation du même appartement à son seul occupant. Même si Meursault, à son habitude, exprime les choses sur le plan purement matériel, on peut penser que son sentiment d'errer dans un appartement trop grand n'est pas sans rapport avec la mort toute récente de sa mère : c'est ce que suggère tout au moins l'emploi affectif du mot «maman» et l'ambiguïté temporelle de «Maintenant» (Maintenant qu'elle est partie à l'asile ou maintenant qu'elle est morte?).

D'ailleurs le repliement de Meursault dans sa chambre après le départ de sa mère pour l'asile mérite, lui aussi, l'attention : «J'ai dû, écrit-il, transporter dans ma chambre la table de la salle à manger» (l. 4-5). Le caractère d'obligation («j'ai dû») que Meursault confère à son réaménagement de l'espace a de quoi étonner. En effet, le départ de sa mère aurait pu libérer ce dernier d'une de ces cohabitations parfois pénibles entre parents et enfants devenus adultes et lui offrir l'agrément matériel d'un appartement relativement vaste. Or, il n'en est rien. L'ambiguïté et la complexité du personnage apparaissent clairement ici : Meursault qui, une fois sa mère à l'asile, n'a pas toujours fait l'effort d'aller la voir, qui n'a pas pleuré à son enterrement, n'a pas non plus, comme beaucoup d'autres auraient pu le faire, mis symboliquement sa mère «dehors» en s'appropriant tout l'espace de leur appartement.

Son attitude, tout en suggérant un attachement diffus mais réel à sa mère, souligne aussi le caractère infantile de Meursault : son réflexe de réclusion peut, en effet, s'interpréter comme le besoin peut-être inconscient de se protéger du monde extérieur. De plus, des phrases telles que « Je ne vis plus que dans cette pièce » (l. 5-6) et « Le reste est à l'abandon » (l. 8), renforcent encore l'idée de ce repliement de Meursault et mettent en évidence son incapacité sociale à occuper « normalement » l'appartement.

Ses rapports étranges avec les lieux se manifestent enfin dans l'évocation du décor de la chambre : « entre les chaises de paille un peu creusées, l'armoire dont la glace est jaunie, la table de toilette et le lit de cuivre » (l. 6-8). Si le caractère extrêmement modeste de l'ameublement correspond au milieu social peint par Camus, le procédé de l'énumération renforce l'effet de resserrement de l'espace tandis que la caractérisation du mobilier (« creusées », l. 6 ; « jaunie », l. 7) donne à la pièce un aspect assez sinistre qui ne semble pas pour autant gêner Meursault.

● **De « Un peu plus tard »** (l. 8) **à « balcon »** (l. 14)

Les activités auxquelles le personnage se livre ensuite (« Un peu plus tard », l. 8-9) produisent un effet d'étrangeté assez similaire. Elles sont d'ailleurs présentées par Meursault lui-même comme des occupations indifférentes, destinées seulement à meubler le temps vide de l'ennui (« pour faire quelque chose », l. 9). Leur caractère dérisoire et même absurde renforce encore cette idée ; la phrase : « j'ai pris un vieux journal et je l'ai lu » (l. 9-10) n'est pas, en effet, sans surprendre. Meursault rapporte comme allant de soi une occupation qui peut paraître dénuée d'intérêt : est-il bien passionnant de lire un « vieux journal » dont les informations sont nécessairement périmées ? Cela n'a pourtant pas l'air de gêner le moins du monde Meursault.

L'usage particulier que Meursault fait des journaux est encore souligné par le compte rendu d'une deuxième occupation qui s'y rattache (l. 10-12). La nature même de l'activité exprimée par les verbes « découper » et « coller » ainsi que la précision concernant le « vieux cahier » confèrent à cette occupation, outre un aspect dérisoire, une dimension nettement enfantine voire infantile. Celle-ci est encore renforcée par l'emploi du verbe « amuser » et par l'utilisation d'un présent (« je mets ») qui souligne le caractère habituel de cette pratique. Quant à la précision presque méticuleuse avec laquelle Meursault rapporte les détails du processus, elle paraît tout à fait disproportionnée et ce d'autant plus que Meursault omet de préciser les raisons de son intérêt pour la réclame qu'il découpe.

Les notations de la dernière phrase («Je me suis aussi lavé les mains et, pour finir, je me suis mis au balcon», l. 13-14) complètent, à leur manière, l'atmosphère créée par l'ensemble du paragraphe. Le caractère purement successif des notations, marqué par «aussi» et «pour finir», donne l'impression d'une durée éclatée, sans continuité ni orientation; le compte rendu d'actions insignifiantes («Je me suis [...] lavé les mains») souligne, quant à lui, la vacuité de l'après-midi et l'étrange nivellement qu'opère la conscience de Meursault par rapport à une classique hiérarchisation des faits. Enfin, l'installation au balcon suggère que Meursault a désormais épuisé ses ressources propres en matière d'activités; aussi se tourne-t-il vers les autres – les gens de la rue – pour se faire le spectateur de leurs occupations dominicales.

Le spectacle de la rue (l. 15 à 27)

● **De «Ma chambre»** (l. 15) **à «pressés encore»** (l. 17)

A son balcon, Meursault se trouve en position de spectateur un peu comme dans un théâtre. Cette situation est mise en place dans la première phrase du second paragraphe : «Ma chambre donne sur la rue principale du faubourg» (l. 15-16). C'est un lieu relativement privilégié pour un spectateur puisque le caractère excentré du quartier («faubourg») est compensé par la situation de l'immeuble dans «la rue principale» : on peut imaginer qu'elle est un lieu de passage obligé s'animant progressivement au fil du temps qui passe et que rythment, dans le texte, différentes notations temporelles («les gens rares et pressés encore», l. 17; «d'abord», l. 18).

Le décor se présente quant à lui d'une manière ambiguë. A une notation nettement positive : «L'après-midi était beau» (l. 16), s'oppose – soulignée par la présence, rare chez Meursault, d'une articulation logique – la formule : «Cependant, le pavé était gras» (l. 16-17). Cette indication, tout en accentuant avec l'adjectif «gras» l'impression d'englument de Meursault, fait ressortir l'étrangeté de sa conduite. Pourquoi gâcher sa journée dans un cadre aussi peu engageant qui, de plus, n'offre guère d'intérêt : «les gens rares et pressés encore» (l. 17)?

● **De «C'étaient d'abord»** (l. 17) **à «il était distingué»** (l. 27)

Meursault va pourtant manifester une attention aiguë aux diverses scènes qui se succèdent. C'est d'abord l'activité dominicale stéréotypée : des familles allant en promenade» (l. 18). Ainsi évoque-t-il, avec une méticulosité extrême, l'une de ces familles dont la description semble prendre une valeur emblématique en résumant, à elle seule, tout un comportement social. Meursault décrit en détail l'habillement conventionnel des petits bourgeois endimanchés : «costume marin» des garçons (l. 19), «gros nœud rose» et «souliers noirs vernis» (l. 21-22) de la petite fille, «robe de soie marron» de la mère (l. 23), «canotier», «nœud papillon» et «canne» du père (l. 24-25). Sous son regard, le tableau vire – volontairement ou involontairement? – à la caricature. L'insistance sur la raideur empesée des mouvements va dans le même sens («un peu empêtrés dans leurs vêtements raides», l. 20) ; s'y ajoutent l'inconfort des souliers «vernis» et le caractère nettement processionnel du groupe : devant, marchent les enfants et, «derrière eux» (l. 22), les parents. Quant à l'opposition entre «une mère énorme» (l. 22) et le père – «un petit homme assez frêle» (l. 23-24) – elle fait songer aux personnages de Laurel et Hardy et produit un effet franchement comique.

Se pose ici, comme à d'autres endroits du roman, la question de savoir si Meursault est volontairement ironique ou si la description n'est telle que par la volonté de Camus. Quelle que soit la réponse, il n'en demeure pas moins vrai que, à travers le regard de Meursault, les personnages prennent l'allure d'un groupe de marionnettes au comportement mécanique et déshumanisé. Or une telle vision des autres n'est pas isolée dans le texte puisqu'on la retrouve, par exemple, à propos des vieillards de l'asile[1] ou de la femme «automatique[2]» rencontrée chez Céleste. Vus par Meursault, les personnages donnent l'impression d'avoir une attitude étrange et incompréhensible : le monde des hommes et les schémas sociaux auxquels ils obéissent lui sont suffisamment étrangers pour susciter des descriptions au comique réel même s'il est involontaire.

En même temps, le texte met en avant, à travers le motif

---
1. Cf. édition Folio, pp. 18-19.
2. Cf. édition Folio, pp. 71-73.

du regard, la question du jugement social porté par un groupe sur un individu. A propos du mari, Meursault écrit : « En le voyant avec sa femme, j'ai compris pourquoi dans le quartier on disait de lui qu'il était distingué » (l. 25-27). La présence simultanée du mari et de la femme permet, en effet, à Meursault d'établir un lien entre deux données jusque-là sans rapport compréhensible : d'un côté, l'apparence du personnage – « un petit homme assez frêle que je connais de vue » (l. 23-24) –, de l'autre, le jugement du quartier sur ce même personnage – « on disait de lui qu'il était distingué ». On peut imaginer, en effet, que c'est par contraste avec sa femme que le petit homme bénéficie de la part des habitants du quartier d'une appréciation aussi positive. Cependant, comme Meursault s'abstient, pour sa part, de tout jugement personnel et de toute marque d'adhésion à l'opinion qu'il rapporte, rien ne permet d'établir le degré de pertinence de cette dernière ; le texte laisse donc entière la contradiction entre le portrait un peu ridicule du petit homme et la vision positive qu'en a le quartier. C'est toute la question de la validité du jugement social et donc toute la problématique qui sera celle du procès de Meursault qui se trouve ainsi suggérée par anticipation.

■ CONCLUSION

Approfondissant le portrait de Meursault par lui-même, cet extrait donne l'impression que s'épaissit encore le mystère de sa personnalité. Continuant – non sans quelque paradoxe – à parler de lui-même à la première personne sans nous livrer le moindre de ses sentiments, Meursault apparaît comme un être parfaitement opaque : faut-il considérer qu'il est tout entier dans ce qu'il nous dit de lui ? Dans ce cas, il peut légitimement apparaître comme un être apathique et marginal, profondément inapte à mener une vie sociale normale. Faut-il, au contraire, considérer que son comportement, qu'il n'explique pas, correspond à une personnalité qui, y compris dans ses indéniables faiblesses, peut s'avérer riche d'une certaine vérité ? Le texte, loin de résoudre d'une manière univoque ce problème, se plaît à le relancer à l'infini : il pose ainsi de manière lancinante au lecteur la question essentielle de l'identité de Meursault.

Plan pour un commentaire composé

INTRODUCTION
- Situation du passage : les occupations de Meursault le dimanche.
- Annonce du plan.

1. MEURSAULT ACTEUR : UN COMPORTEMENT EN MARGE

- Les signes de l'ennui (voir p. 19).
- Des occupations dérisoires (le vieux journal, p. 21).
- un rapport étrange à l'espace (enfermement et saturation, p. 20 ; indifférence au décor, p. 21).
- Bizarrerie teintée d'infantilisme et accentuée par le regard tout extérieur que Meursault narrateur porte sur lui-même. Mais Meursault spectateur de lui-même l'est aussi des autres.

2. MEURSAULT SPECTATEUR : EXTÉRIORITÉ D'UN REGARD

- Le balcon : une situation symbolique (p. 22).
- Une approche caricaturale (une famille emblématique ; les procédés de la caricature, p. 23) : Meursault est bizarre, mais les autres deviennent également bizarres sous le regard de Meursault.
- Du même coup, les comportements se relativisent en fonction du regard porté sur eux : le «petit homme» met en scène ce problème du jugement (p. 24).

CONCLUSION
- L'énigme de Meursault – De la difficulté de juger : deux problèmes posés par Camus à son lecteur.

4 Extrait de la première partie, chapitre 5

Marie[1]

Le soir, Marie est venue me chercher et m'a demandé si je voulais me marier avec elle. J'ai dit que cela m'était égal et que nous pourrions le faire si elle le voulait. Elle a voulu savoir alors si je l'aimais. J'ai répondu comme je l'avais déjà fait une fois, que cela ne signifiait rien mais que sans doute je ne l'aimais pas. «Pourquoi m'épouser alors?» a-t-elle dit. Je lui ai expliqué que cela n'avait aucune importance et que si elle le désirait, nous pouvions nous marier. D'ailleurs, c'était elle qui le demandait et moi je me contentais de dire oui. Elle a observé alors que le mariage était une chose grave. J'ai répondu : «Non.» Elle s'est tue un moment et elle m'a regardé en silence. Puis elle a parlé. Elle voulait simplement savoir si j'aurais accepté la même proposition venant d'une autre femme, à qui je serais attaché de la même façon. J'ai dit : «Naturellement.» Elle s'est demandé alors si elle m'aimait et moi, je ne pouvais rien savoir sur ce point. Après un autre moment de silence, elle a murmuré que j'étais bizarre, qu'elle m'aimait sans doute à cause de cela mais que peut-être un jour je la dégoûterais pour les mêmes raisons. Comme je me taisais, n'ayant rien à ajouter, elle m'a pris le bras en souriant et elle a déclaré qu'elle voulait se marier avec moi. J'ai répondu que nous le ferions dès qu'elle le voudrait.

---

1. Pages 69-70 dans l'édition Folio.

PLAN RÉDIGÉ

(pour un commentaire composé ou une lecture méthodique en vue de l'oral)

PRÉSENTATION

Après leur rencontre rapportée au chapitre 2, Marie et Meursault se revoient. Un soir, Marie lui demande s'il veut se marier avec elle. A travers un dialogue confrontant les positions des deux jeunes gens, Camus complète le portrait d'un Meursault à l'attitude toujours aussi «bizarre».

1. LES CARACTÉRISTIQUES DU DIALOGUE

Le texte est constitué de dix-sept phrases bâties selon un même schéma : Marie parle/Meursault répond. Tout au long du dialogue, Marie a donc l'initiative, Meursault se contentant de lui donner la réplique.

Rôle actif de Marie

Marie est en position de sujet dans dix phrases sur les dix-sept de l'extrait, et la progression du dialogue repose sur elle : les marques temporelles (compléments circonstanciels ou adverbes de temps) se trouvent toutes dans les phrases qui transcrivent ses propos, jamais dans celles correspondant à Meursault. Par ailleurs, en dix phrases, elle pose cinq questions. Quand les réponses aux questions dépendent d'elle, Marie s'efforce d'y répondre le plus judicieusement possible (l. 14 et l. 19) ; elle profère aussi deux fois des affirmations fortes qui constituent une forme d'engagement personnel : «Elle a observé» (l. 11) ; «elle a déclaré» (l. 24). Ces deux verbes introducteurs insistent sur la gravité et l'importance de ses paroles. De plus, quand le silence s'instaure, c'est elle qui le rompt et non Meursault (l. 14 et l. 19). Enfin, elle sait, quand il le faut, accompagner son propos d'un geste pour mieux le souligner (l. 23).

Le verbe associé à Marie est, très significativement, le verbe «vouloir». On le retrouve plusieurs fois dans les phrases qui transcrivent ses propos : «Elle a voulu savoir» (l. 4), «Elle voulait simplement savoir», (l. 14-15), «elle voulait se marier» (l. 24), et aussi dans les réponses de Meursault : «si elle le voulait» (l. 3-4), «dès qu'elle le voudrait» (l. 25-26). On ajoutera à cette liste la formule «si elle le désirait» (l. 9). Le vouloir et le désir sont donc très nettement de son côté. Bref, Marie pose les questions, soulève les problèmes, expose ses points de vue : ce rôle résolument actif contraste fortement avec l'attitude de Meursault.

Passivité de Meursault

Meursault, pour sa part, se contente de répondre à Marie : «J'ai dit» (l. 2, 17), «J'ai répondu» (l. 5, 12, 25), mais n'a, à aucun moment, l'initiative du dialogue. Ce n'est jamais lui qui rompt les silences de Marie (l. 10), et, à deux reprises, il s'abstient même de parler : l'expression «je ne pouvais rien savoir sur ce point» (l. 18-19) montre un Meursault qui se tait, d'où le silence qui suit (l. 22-23). On peut d'ailleurs se demander s'il parle vraiment. En effet, il se contente souvent d'un mot pour toute réponse : «Non» (l. 12), «Naturellement» (l. 17), «et moi je me contentais de dire oui» (l. 10-11). Il procède souvent par une simple reprise des mots employés juste avant par Marie. C'est ainsi qu'à la formule de cette dernière : «et m'a demandé si je voulais» (l. 1-2) fait écho : «si elle le voulait» (l. 3-4). De même, «elle a déclaré qu'elle voulait» (l. 24) est immédiatement repris par «dès qu'elle le voudrait» (l. 25-26). Par ailleurs, Meursault formule peu d'idées nouvelles, il se contente plus volontiers de répéter soit ce qu'il a dit dans une discussion précédente (l. 4-5), soit ce qu'il vient de dire quelques instants auparavant («cela n'avait aucune importance», l. 8). De même, «si elle le désirait, nous pouvions» (l. 9) répète en chiasme la même idée que «nous pourrions [...] si elle le voulait» (l. 3-4). On notera aussi que le verbe «expliquer» («Je lui ai expliqué», l. 7-8) qui pouvait suggérer un effort de Meursault pour exposer sa position, est totalement démenti par cette répétition pure et simple du contenu de la ligne 3.

L'attitude de Meursault dans le dialogue est donc bien différente de celle de Marie : il se borne à répondre et ses propos restent fort laconiques. A la limite, on pourrait même juger incorrect son comportement face à Marie.

Nous avons donc là un dialogue déconcertant pour le lecteur et peut-être aussi pour Marie, car les conceptions qu'elle avance trouvent de la part de Meursault un accueil des plus insolites.

2. MARIE

Les conceptions de Marie

A travers les questions que pose Marie sont évoqués les problèmes cruciaux du mariage et de l'amour. Sur ces questions essentielles parce qu'elles engagent l'individu sur le double plan psychologique et social, Marie a une position qui se révèle très cohérente. Pour elle, «le mariage [est] une chose grave» (l. 11-12). Le verbe «observer» qui introduit son affirmation marque bien que ces paroles ne sont pas prononcées à la légère mais témoignent d'une vraie réflexion. D'ailleurs, cette question de Marie concernant le mariage se comprend assez bien : n'est-il pas naturel qu'elle veuille savoir «où elle va»?

La deuxième question que pose Marie : «Elle a voulu savoir alors si je l'aimais» (l. 4), témoigne également de la cohérence de son système. Pour Marie, l'engagement que représente le mariage est étroitement lié aux sentiments éprouvés pour l'autre. Aussi cherche-t-elle, après la première réponse un peu surprenante de Meursault, à s'assurer de ses sentiments envers elle. De même, Marie relève-t-elle dans sa troisième question : «"Pourquoi m'épouser alors?" a-t-elle dit» (l. 7), ce qui est contradictoire dans les propos de Meursault; pour elle, s'il l'épouse, c'est donc qu'il l'aime mais s'il ne l'aime pas, il serait logique qu'il ne l'épousât pas. Marie cherche à nouveau ici à connaître les sentiments de Meursault : elle voudrait qu'il lui dise qu'il l'aime. N'ayant pas obtenu le oui qu'elle attendait en réponse à sa deuxième question, elle cherche alors à s'assurer que c'est bien elle et non une autre que Meursault choisit. Elle veut lui faire dire qu'à ses yeux, elle n'est pas comme les autres femmes, d'où l'insistance sur «même» répété deux fois (l. 15 et 16) par opposition à «autre» (l. 16).

Marie a donc des positions qui, si elles sont habituelles et peu originales, n'en ont pas moins une cohérence : elle croit au mariage, à l'amour, et souhaite être aimée de celui qu'elle aime. Mais confrontée à Meursault, elle n'a jamais pour réponse ce qu'elle est en droit d'attendre. Se pose alors le problème de sa réaction.

Les silences de Marie

Marie pourrait se sentir dépitée et même blessée par une réponse comme le «Naturellement» de la ligne 17. Or, on ne détecte rien de tel. Il lui arrive cependant à deux reprises de garder, comme décontenancée, le silence (l. 13-14 et 19). Mais dans ces silences, on perçoit un effort réel de sa part pour comprendre Meursault. Comme le soulignent les marques temporelles «un moment» (l. 13), «Puis» (l. 14), «Après» (l. 19), les silences durent en fonction de ces efforts. D'ailleurs, c'est aussi par le regard : «elle m'a regardé» (l. 13) qu'elle tente de percer l'énigme que représente Meursault.

Enfin, il n'y a dans son attitude aucune intolérance. Quand elle veut formuler ce qu'elle perçoit de Meursault, elle le fait sans agressivité : le verbe «murmurer» («elle a murmuré que j'étais bizarre», l. 19-20) ôte à l'adjectif «bizarre» toute dureté. Sensible au côté étrange de Meursault, elle accepte et le jeune homme et ses propres sentiments.

Le geste de Marie

En fait, face aux réponses déconcertantes de Meursault, Marie ne s'avoue jamais vaincue et cherche en elle-même les bases susceptibles de fonder la relation solide qu'elle souhaite avec Meursault. Aussi s'interroge-t-elle sur ses propres sentiments pour vérifier la solidité de son attachement (l. 17-18). Elle aboutit à une certitude mais sans aveuglement. C'est consciente d'une zone d'ombre due à la bizarrerie de Meursault («elle a murmuré que j'étais bizarre, qu'elle m'aimait sans doute à cause de cela», l. 19-21) et des risques encourus pour l'avenir («mais que peut-être un jour je la dégoûterais pour les mêmes raisons», l. 21-22) qu'elle formule sa décision d'épouser Meursault. Cette décision qui est le fruit de sa réflexion, comme le soulignent le silence qui précède et le verbe «déclarer», s'accompagne d'un geste significatif : «elle m'a pris le bras en souriant» (l. 23-24). Le sourire manifeste tendresse et indulgence; le geste correspond à un élan de Marie et renforce par le contact physique la décision de cette dernière.

Dans ce passage, Marie apparaît comme une jeune femme dynamique et responsable. Sûre de son système de valeurs et de ses sentiments, elle fait preuve de compréhension et de tolérance, tout en essayant d'enraciner dans une logique tout à fait admissible un Meursault pourtant difficile à comprendre.

■ 3. MEURSAULT

L'attitude de Meursault dans ce dialogue a de quoi déconcerter. Mais Meursault n'est-il que bizarre?

La bizarrerie de Meursault

Ce qui déconcerte en Meursault, ce sont ses réactions qui paraissent éloignées des normes communément admises par la société (mariage, sentiments).

Sa position sur le mariage est aussi nette qu'inhabituelle : cela lui est «égal» (l. 3), n'a «aucune importance» (l. 8). Ces deux formules sont confirmées un peu plus loin par le «Non» catégorique rapporté au style direct (l. 12). Indifférent à un problème généralement jugé essentiel, Meursault dénie au mariage toute valeur.

Plus étonnante encore est son attitude vis-à-vis des sentiments et de l'amour. À Marie qui lui demande s'il l'aime (l. 4), il explique : «que cela ne signifiait rien» (l. 5-6). Tout se passe comme si, pour lui, les sentiments n'avaient pas plus de sens que le mariage.

Peu enclin à éprouver des sentiments, Meursault est également indifférent à ceux d'autrui. En témoigne la formule : «et moi, je ne pouvais rien savoir sur ce point» (l. 18-19); non seulement Meursault n'aide pas Marie à y voir clair en elle-même, mais encore il semble indifférent aux sentiments qu'elle peut éprouver envers lui. De même : «Comme je me taisais, n'ayant rien à ajouter» (l. 22-23) donne l'impression que ce que Marie éprouve ne l'intéresse pas. Bref, ce que nous appelons couramment «amour» ne semble guère exister pour Meursault.

Meursault réagit donc d'une façon particulièrement déroutante. Pourtant, si l'on prend la peine d'examiner ses positions, on se rend compte que, peu conventionnel, Meursault n'est pas, pour autant, illogique. Au contraire, le système qui est le sien se caractérise par une grande cohérence doublée d'une indéniable honnêteté.

La logique de Meursault

Le «Naturellement» de la ligne 17 illustre parfaitement cette logique de Meursault. Loin d'être agressive ou insultante, cette réponse témoigne de l'effort de rigueur qui est le sien dans ses propos. Puisque Marie envisage des données psychologiques rigoureusement identiques (l. 15-17), il ne peut, en effet, que faire la même réponse à Marie. Il en va ainsi également de la réponse positive à la ligne 11. Ce qui, de la part d'un autre, relèverait d'une grande malhonnêteté (a-t-on le droit, en effet, d'épouser une femme qu'on n'aime pas?) témoigne, au contraire, de la cohérence de Meursault. C'est justement parce que le mariage ne compte pas à ses yeux et qu'il en a averti Marie qu'il peut aussi facilement lui «dire oui». Il bafoue d'autant moins cette institution qu'il ne croit pas non plus, comme on l'a vu, aux sentiments. D'ailleurs l'emploi du verbe «se contenter» (l. 11), contrastant avec l'accumulation des pronoms de la première personne («moi je me»), limite clairement l'ampleur de son engagement : en fait, non seulement Meursault se montre cohérent mais il est d'une parfaite honnêteté avec Marie; il ne triche nullement et manifeste le souci de ne tromper ni lui-même ni les autres. Ce souci scrupuleux qui contribue à renforcer sa bizarrerie se manifeste aussi dans sa méfiance à l'égard des mots.

Meursault et les mots

Meursault semble se méfier des «grands mots» qui pourraient excéder ce qu'il ressent. Quand, à propos du verbe «aimer» (l. 4), il répond : «cela ne signifiait rien» (l. 5-6), c'est bien de ce qu'un tel mot peut avoir de trompeur qu'il se défie. D'ailleurs, il n'emploie lui-même le verbe «aimer» qu'avec une négation («je ne l'aimais pas», l. 6-7) qui lui ôte sa valeur. De même, évite-t-il d'employer certains termes. On constate qu'il n'utilise le verbe «se marier» qu'une seule fois (l. 9) et le remplace par des termes neutres : «cela», «le faire» (l. 3), «cela» (l. 5), «le» (l. 9), «le ferions» (l. 25). Cette même méfiance à l'égard du langage explique ses silences répétés, son laconisme et la reprise de termes empruntés à Marie. Bref, Meursault préfère éviter de trop parler : sa réponse sur le mariage (l. 12) est ainsi curieusement dépourvue de toute explication. Il choisit aussi de s'en tenir à la lettre des paroles prononcées par autrui : «Naturellement» montre qu'il se refuse à prendre en compte tout ce qu'il y a de sous-entendu et d'implicite dans la question posée par Marie (l. 17). Meursault préfère opter pour un usage minimal du langage. Cette même attitude de retrait se retrouve dans sa manière de raconter la scène.

On constate chez Meursault — alors même qu'il raconte la scène *a posteriori* — un total refus de commenter ses propos et ceux de Marie, de les analyser, de s'expliquer. Il est laconique comme personnage et comme narrateur. Il se contente de rapporter la discussion avec un minimum d'élaboration, au point que la simplicité des moyens frôle l'indigence. On voit de nombreuses répétition : celle des verbes («répondre» répété trois fois; «dire», deux fois; «vouloir», cinq fois; «demander», trois fois; «savoir», deux fois), celle aussi de l'adverbe «alors» (deux fois) et celle du pronom démonstratif «cela» (quatre fois). De plus, les mots utilisés témoignent d'un registre de langue limité, voire pauvre. Le faible degré d'élaboration du récit traduit le retrait prudent de Meursault face aux séductions du langage.

CONCLUSION

Le choix de ce dialogue entre Marie et Meursault est pour Camus l'occasion de préciser les positions de son personnage sur un sujet — l'amour et le mariage — qui, après celui de la mort, est l'un des plus cruciaux de l'existence d'un homme. A travers leur discussion, il confronte deux systèmes également cohérents mais radicalement opposés. Il serait, en effet, réducteur d'avoir une vision trop négative de Marie : à la juger trop platement conventionnelle, on limite la portée de la confrontation du système de Meursault avec le sien. C'est, au contraire, parce que la position de Marie est parfaitement valable que celle de Meursault peut ressortir avec plus d'acuité dans sa cohérence et son étrangeté.

5 Extrait de la première partie, chapitre 5

Salamano[1]

A ce moment, j'ai bâillé et le vieux m'a annoncé qu'il allait partir. Je lui ai dit qu'il pouvait rester, et que j'étais ennuyé de ce qui était arrivé à son chien : il m'a remercié. Il m'a dit que maman aimait beaucoup son chien. En parlant d'elle, il l'appelait «votre pauvre mère». Il a émis la supposition que je devais être bien malheureux depuis que maman était morte et je n'ai rien répondu. Il m'a dit alors, très vite et avec un air gêné, qu'il savait que dans le quartier on m'avait mal jugé parce que j'avais mis ma mère à l'asile, mais il me connaissait et il savait que j'aimais beaucoup maman. J'ai répondu, je ne sais pas encore pourquoi, que j'ignorais jusqu'ici qu'on me jugeât mal à cet égard, mais que l'asile m'avait paru une chose naturelle puisque je n'avais pas assez d'argent pour faire garder maman. «D'ailleurs, ai-je ajouté, il y avait longtemps qu'elle n'avait rien à me dire et qu'elle s'ennuyait toute seule. – Oui, m'a-t-il dit, et à l'asile, du moins, on se fait des camarades.» Puis il s'est excusé. Il voulait dormir. Sa vie avait changé maintenant et il ne savait pas trop ce qu'il allait faire. Pour la première fois depuis que je le connaissais, d'un geste furtif, il m'a tendu la main et j'ai senti les écailles de sa peau. Il a souri un peu et avant de partir, il m'a dit : «J'espère que les chiens n'aboieront pas cette nuit. Je crois toujours que c'est le mien.»

---

[1]. Pages 75-76 dans l'édition Folio.

COMMENTAIRE COMPOSÉ

■■■■ (INTRODUCTION[1])

Voisin de palier de Meursault, Salamano paraît jouer, dans le roman, un rôle secondaire. Pourtant il est question de lui à plusieurs reprises : Meursault évoque, au chapitre 3, les rapports difficiles du vieil homme et de son chien. Puis intervient la disparition de ce dernier. Désemparé, Salamano vient par deux fois se confier à Meursault. Le présent extrait correspond à sa seconde visite.

Nous verrons comment le texte suggère le désarroi et la reconnaissance maladroite de Salamano tout en approfondissant la peinture de l'attitude de Meursault face aux autres et à sa mère. Nous analyserons ensuite comment, à travers une série de parallélismes entre Salamano et son chien d'une part, Meursault et sa mère d'autre part, l'histoire du vieil homme acquiert, dans le roman, une signification essentielle.

■■■■ (SALAMANO)

Tout dans le comportement de Salamano suggère son désarroi et sa quête d'un réconfort. Au début de l'extrait, la formule «j'ai bâillé» (l. 1), exprimant soit la fatigue soit la lassitude, rappelle que Salamano est là depuis longtemps. De plus, après avoir annoncé qu'il s'en va (l. 1-2), il profite de l'autorisation de Meursault (l. 2) pour prolonger sa visite.

Salamano est, de plus, sujet de nombreux verbes qui introduisent ses propos transcrits au style indirect (l. 1, 4, 6 et 8) ou accompagnent des paroles rapportées au style direct (l. 18, 25). De plus, la formule «il s'est excusé» (l. 19-20) est suivie de deux phrases au style indirect libre (l. 20-21) qui font référence à des paroles prononcées par le vieil homme. Bref, Salamano parle beaucoup tout au long de cette scène et son besoin de parler semble un autre signe de son désarroi.

Aussi Salamano apparaît-il, à bien des égards, comme un personnage pathétique. Sa quête d'un réconfort s'accom-

---

1. Cf. note 1, p. 4.

pagne, en effet, d'une grande timidité. Certaines notations («très vite et avec un air gêné», l. 8-9; «il s'est excusé», l. 19-20; «d'un geste furtif», l. 23; «il a souri un peu», l. 24) dessinent le portrait d'un Salamano mal assuré dont les gestes à peine esquissés expriment une gêne teintée d'humilité.

Les tentatives de Salamano pour exprimer ses sentiments sont également pathétiques. Il les formule d'une manière indirecte qui, dans sa maladresse et sa pudeur, n'en paraît que plus touchante. Ainsi, au moment de partir, met-il sur le même plan une raison pratique («Il voulait dormir», l. 20) et un commentaire général sur sa vie («Sa vie avait changé maintenant et il ne savait pas trop ce qu'il allait faire», l. 20-21). Transparaît ainsi, loin de toute expression directe des sentiments, le vide de sa vie sans son chien. De même sa dernière phrase (l. 26-27) suggère-t-elle, implicitement, une sensibilité à fleur de peau. D'ailleurs, malgré le caractère un peu dérisoire des propos échangés, il trouve auprès de Meursault un réel apaisement. Aussi cherche-t-il à manifester sa reconnaissance : il exprime sa gratitude au début du texte («il m'a remercié», l. 3-4) en réponse aux paroles prononcées par Meursault (l. 2). Le geste par lequel il lui dit au revoir («il m'a tendu la main», l. 23), marque lui aussi, par sa nouveauté («Pour la première fois», l. 22), un élan de sympathie reconnaissante. C'est enfin un souci de même ordre qui peut expliquer que Salamano oriente la conversation sur la mère de Meursault (l. 4-5).

Du personnage ressort donc l'impression d'une figure dont les paroles et les gestes maladroits expriment des émotions non dénuées de profondeur et d'humanité. A ce titre, il fait partie des personnages modestes que Camus aime à peindre, ici et là, dans ses textes. Mais il est aussi un révélateur involontaire de certains aspects de la personnalité de Meursault.

■■■■ (MEURSAULT)

Si Meursault, à son habitude, ne manifeste guère ses sentiments, il se dégage cependant de son attitude une certaine bonne volonté, voire une réelle gentillesse, vis-à-vis de Salamano. Ainsi corrige-t-il son bâillement en invitant ce dernier à prolonger sa visite (l. 2). Plus significative encore apparaissent les paroles de sympathie dont il assortit son invite : «... et que j'étais ennuyé de ce qui était arrivé à son chien» (l. 2-3). Bien que rapportés au style indirect, ces propos suggèrent une compréhension non dénuée de tact : ne recourt-il pas – inconsciemment ou non – à un euphémisme pour évoquer la mort probable du chien ? De même accepte-t-il une poignée de main de Salamano, même s'il note le caractère un peu répugnant de son contact (l. 23-24). De plus, son récit se montre attentif à divers détails sur son interlocuteur : détail physique comme ci-dessus, manière particulière de parler (l. 5), nuances psychologiques exprimées par un geste ou une attitude (l. 9, 23 et 24). Face à Salamano, Meursault, sans se départir de sa passivité, manifeste une capacité d'écoute dont le texte a déjà fourni plusieurs témoignages[1].

En revanche, sur le terrain de ses propres sentiments, Meursault réagit d'abord par son silence habituel quand Salamano évoque la douleur qu'il doit ressentir depuis la mort de sa mère : « Il a émis la supposition que je devais être bien malheureux depuis que maman était morte et je n'ai rien répondu» (l. 6-8). De plus, la formule recherchée et insistante qui introduit le style indirect souligne exagérément le caractère hypothétique du propos, comme si Meursault tenait à exprimer uniquement le point de vue de Salamano.

Pourtant, quand Salamano lui fait part du jugement négatif du quartier (l. 9-11), Meursault éprouve alors le besoin – inhabituel chez lui – de parler : «J'ai répondu (...)» (l. 12). Cette réaction reste d'ailleurs opaque à Meursault lui-même malgré la distance temporelle – à vrai dire imprécise – qui existe entre le moment de la scène et le moment où il la rapporte («je ne sais pas encore pourquoi», l. 12-13).

La longueur de la réponse de Meursault surprend également (l. 13 à 16). Il s'agit, en fait, d'une véritable réaction d'auto-justification : en témoigne la présence de termes logiques comme «puisque» (l. 15) ou «d'ailleurs» (l. 16) et surtout l'organisation de sa réponse ; en effet, après une explication matérielle (l. 15), il en ajoute une seconde, d'ordre psychologique cette fois (l. 16-18). Avec cette

---

[1]. Cf. les scènes avec le concierge de l'asile (Folio, p. 16) ou avec Raymond (Folio, p. 53).

explication il déplace en même temps l'accent de sa propre personne vers celle de sa mère, comme pour écarter l'accusation implicite d'indifférence qui pèse sur lui.

Une fois de plus[1], Meursault éprouve donc le besoin de se justifier alors même que Salamano ne le lui demande pas : ce dernier se désolidarise, au contraire, du jugement du quartier (l. 11-12) et acquiesce aux explications qui lui sont données (l. 18-19).

En fait, Meursault, peu conscient, la plupart du temps, du regard d'autrui, et soudain confronté à un jugement social négatif, réagit comme un coupable en puissance face à un tribunal. Sa réponse rapportée au style indirect (l. 12) est, à ce titre, significative : l'usage du subjonctif imparfait lié à la concordance de temps, l'emploi du verbe « ignorer » ou de l'expression « à cet égard » donnent au jugement du quartier une solennité et une importance qui paraissent démesurées et manifestent, par là-même, la culpabilité latente de Meursault vis-à-vis de sa mère. C'est bien le problème des rapports de ces deux personnages qui est posé dans cet extrait à travers le dialogue avec Salamano.

(SALAMANO ET MEURSAULT : UN JEU DE MIROIRS)

On ne peut véritablement comprendre ce passage si l'on néglige les parallélismes qui s'établissent à travers ce dialogue entre Meursault et sa mère d'une part, Salamano et son chien d'autre part.

Un lien est en effet explicitement établi entre le chien et la mère de Meursault à travers la sympathie supposée de l'une pour l'autre : « Il m'a dit que maman aimait beaucoup son chien » (l. 4-5). Mais le parallélisme s'organise surtout à travers des rapprochements implicites. L'évocation de la disparition du chien sous une forme euphémique – « ce qui était arrivé » (l. 3) – souvent employée pour des condoléances, renvoie à la mort récente de la mère de Meursault. La douleur que Salamano prête à Meursault (l. 6-7) renvoie à sa propre douleur ; de même, sa certitude concernant l'amour de Meursault pour sa mère a pour référence son

---

1. Cf. Folio, p. 11 : le passage avec le directeur de l'asile.

propre amour pour son chien. Enfin et surtout, l'allusion au jugement négatif du quartier concernant le fait que Meursault a mis sa mère à l'asile renvoie au jugement défavorable porté par ce même quartier sur Salamano[1]. Un tel rapprochement est fondamental; dans la mesure où le récit insiste sur le caractère hâtif du jugement porté sur Salamano (ne le voit-on pas, en fait, totalement désemparé par la perte de son chien?), se trouve suggéré, du même coup, le danger de toute condamnation précipitée de l'attitude de Meursault vis-à-vis de sa mère.

D'ailleurs, de même que Meursault se situait en retrait par rapport à l'appréciation négative du quartier sur Salamano[2], de même le vieil homme se désolidarise-t-il du jugement qu'il rapporte: «il savait [...] qu'on m'avait mal jugé [...] mais il me connaissait et il savait que j'aimais beaucoup maman» (l. 8-12). Le texte se plaît ainsi à souligner par un jeu d'échos le caractère contradictoire des jugements portés sur autrui.

Cette même relativité des points de vue est encore exprimée par la variation des termes désignant la mère de Meursault: à côté du «maman» employé par ce dernier (l. 4, 7, 12) et du «votre pauvre mère» de Salamano (l. 4-5), le mot «mère» (l. 10) transcrit, au sein du style indirect, le point de vue du quartier.

Bref, à travers Salamano, se trouve posé en filigrane, avant même le procès, l'un des problèmes essentiels du roman.

■ (CONCLUSION)

Dans cette scène, en apparence secondaire, Camus concentre plusieurs effets: tandis que sont mis en valeur le portrait émouvant d'un vieil homme humble et malheureux et la culpabilité latente de Meursault, se tisse toute une série de correspondances qui font de l'histoire de Salamano une sorte de récit dans le récit. S'y reflètent, en un jeu de miroirs, certains aspects, au moins, de l'histoire du personnage principal.

---

1. Cf. Folio, p. 46.
2. Cf. Folio, p. 47: «Mais, au fond, personne ne peut savoir.»

6 Extrait de la première partie, chapitre 6

Le meurtre de l'Arabe[1]

C'était le même soleil que le jour où j'avais enterré maman et, comme alors, le front surtout me faisait mal et toutes ses veines battaient ensemble sous la peau. A cause de cette brûlure que je ne pouvais plus supporter, j'ai fait un mouvement en avant. Je savais que c'était stupide, que je ne me débarrasserais pas du soleil en me déplaçant d'un pas. Mais j'ai fait un pas, un seul pas en avant. Et cette fois, sans se soulever, l'Arabe a tiré son couteau qu'il m'a présenté dans le soleil. La lumière a giclé sur l'acier et c'était comme une longue lame étincelante qui m'atteignait au front. Au même instant, la sueur amassée dans mes sourcils a coulé d'un coup sur les paupières et les a recouvertes d'un voile tiède et épais. Mes yeux étaient aveuglés derrière ce rideau de larmes et de sel. Je ne sentais plus que les cymbales du soleil sur mon front et, indistinctement, le glaive éclatant jailli du couteau toujours en face de moi. Cette épée brûlante rongeait mes cils et fouillait mes yeux douloureux. C'est alors que tout a vacillé. La mer a charrié un souffle épais et ardent. Il m'a semblé que le ciel s'ouvrait sur toute son étendue pour laisser pleuvoir du feu. Tout mon être s'est tendu et j'ai crispé ma main sur le revolver. La gâchette a cédé, j'ai touché le ventre poli de la crosse et c'est là, dans le bruit à la fois sec et assourdissant que tout a commencé. J'ai secoué la sueur et le soleil. J'ai compris que j'avais détruit l'équilibre du jour, le silence exceptionnel d'une plage où j'avais été heu-

---

1. Pages 94-95 dans l'édition Folio.

30 reux. Alors, j'ai tiré encore quatre fois sur un corps inerte où les balles s'enfonçaient sans qu'il y parût. Et c'était comme quatre coups brefs que je frappais sur la porte du malheur.

COMMENTAIRE COMPOSÉ

(INTRODUCTION[1])

Situé à la fin de la première partie du roman, cet extrait constitue un moment clé du texte : avec le meurtre de l'Arabe, c'est tout le destin de Meursault qui, d'un coup, va basculer.

On étudiera comment l'omniprésence du soleil contribue à enfermer Meursault dans un engrenage tragique au bout duquel, l'irrémédiable accompli, s'amorce la transformation du personnage.

(L'OMNIPRÉSENCE DU SOLEIL)

On pourrait presque dire que le soleil est le troisième personnage de l'extrait : il domine de toute sa présence, comme en témoigne l'emploi cinq fois répété du mot. Ce soleil est doublement insupportable. Il est d'abord chaleur et chaleur intense. Les termes «brûlure» (l. 4) et «brûlante» (l. 19) reprennent cette idée déjà présente dans les pages précédentes. Les formules «un souffle épais et ardent» (l. 21), du latin *ardere* qui signifie brûler, et «pleuvoir du feu» (l. 23), la renforcent encore jusqu'à assimiler le soleil à un brasier. Mais le soleil est également «lumière» (l. 10), et l'intensité de celle-ci est aussi insupportable que celle de la chaleur, comme le suggèrent les deux adjectifs «étincelante» (l. 11) et «éclatant» (l. 18).

---

1. Cf. note 1, p. 4.

Par sa présence doublement hostile, le soleil exerce une emprise à laquelle il est impossible d'échapper : «je ne me débarrasserais pas du soleil en me déplaçant d'un pas» (l. 6-7). On ne peut qu'en subir les effets pénibles et un être aussi sensoriel que Meursault ressent intensément cette force qui pèse sur lui.

Cette présence du soleil est, en effet, pour lui source de souffrance. Beaucoup de termes le montrent comme : «me faisait mal» (l. 2-3), «douloureux» (l. 20), «m'atteignait» (l. 12), ou plus fort encore : «je ne pouvais plus supporter» (l. 4-5). Le malaise va même jusqu'à l'idée d'une agression avec toutes les images qui assimilent l'éclat de la lumière à une «lame» (l. 11), un «glaive» (l. 17) ou encore une «épée» (l. 19). D'ailleurs, ce caractère agressif de la lumière est renforcé par des verbes exprimant une action instantanée et brutale comme «giclé» (l. 10) ou «jailli» (l. 18). Du coup, la souffrance devient torture : les verbes «rongeait» (l. 19) et «fouillait» (l. 19) donnent l'idée d'une souffrance taraudante qui s'exerce au plus profond de Meursault. A ce malaise, s'ajoute encore celui que produit la sueur. Évoquée deux fois directement (l. 12 et 27) et une fois à travers l'image du «rideau de larmes et de sel» (l. 15-16), elle est ressentie comme une gêne.

En fait, c'est sur le visage de Meursault que se concentrent les effets pernicieux de la chaleur et du soleil. La manière dont sont détaillées avec un soin minutieux toutes les composantes du visage montre bien que chaque millimètre de celui-ci devient souffrance : c'est au point qu'il sent «les veines» de son «front» battant «ensemble sous la peau» (l. 3-4). De même est-il question par deux fois encore du «front» (l. 12 et 17), mais aussi des «yeux» (l. 15 et 20), des «sourcils» (l. 13), des «cils» (l. 19) et des paupières (l. 14). De plus, les sensations visuelles et tactiles en viennent à se doubler d'une sensation auditive tout aussi pénible : «Je ne sentais plus que les cymbales du soleil sur mon front» (l. 16-17).

Bref, Meursault semble submergé par la souffrance physique que provoque en lui le soleil. Il reconnaît d'ailleurs le malaise qu'il ressent et ses effets nocifs : «C'était le même soleil que le jour où j'avais enterré maman et, comme alors, le front surtout me faisait mal» (l. 1-3).

Aussi, face à cette présence insupportable du soleil, Meursault n'a plus qu'une envie : se débarrasser de cette souffrance en avançant «vers la source[1]». C'est de ce besoin irrépressible et du geste instinctif qui en découle que va naître la tragédie.

■ (L'ENGRENAGE TRAGIQUE)

C'est bien à cause du soleil que Meursault accomplit le geste qui va précipiter les choses : «A cause de cette brûlure que je ne pouvais plus supporter, j'ai fait un mouvement en avant» (l. 4-5). Le mouvement est infime, puisqu'il s'agit d'un simple «pas», mais il prend ici une dimension énorme comme le suggère la répétition insistante du mot : «je ne me débarrasserais pas du soleil en me déplaçant d'un pas. Mais j'ai fait un pas, un seul pas en avant» (l. 6-8). De même est-il frappant de constater que, dans son récit, Meursault décompose minutieusement son geste : «j'ai fait un pas, un seul pas en avant» (l. 7-8) correspond en effet à la fin du mouvement amorcé avec «j'ai fait un mouvement en avant» (l. 5). En réalité, ce «pas en avant» fait pénétrer le personnage dans le domaine de la tragédie : alors qu'il l'accomplit, Meursault sait en effet qu'il est inadéquat à la situation : «Je savais [...] que je ne me débarrasserais pas du soleil» (l. 5-7); il sait même qu'il est en train de commettre une erreur : «Je savais que c'était stupide» (l. 5-6). Et c'est justement cette erreur[2] qui déclenche inéluctablement le mécanisme tragique.

Son geste acquiert en effet, du fait des circonstances, une importance démesurée puisqu'il enclenche une mécanique inéluctable : à partir de là, se met en place tout un engrenage comportant quatre étapes nettement marquées dans le texte. La première correspond au pas lui-même. La seconde souligne la double conséquence qui découle immédiatement de ce geste : «Et cette fois» (l. 8), «Au même instant» (l. 12), insistent respectivement sur le mouvement de l'Arabe et sur la sueur qui inonde soudain le visage de Meursault. Une troisième étape est franchie avec la formule : «C'est alors que tout a vacillé» (l. 20), où le

---

1. Cf. Folio, p. 93.
2. C'est ce qu'Aristote, philosophe grec du IVe siècle avant J.-C., dans sa *Poétique*, appelle «l'hamartia».

tour présentatif accentue l'effet de progression. C'est enfin ce même tour insistant que l'on retrouve pour marquer l'ultime étape : «et c'est là [...] que tout a commencé» (l. 25-27).

En fait, une fois «l'erreur» commise, Meursault est pris dans un engrenage et comme le héros tragique, il est manipulé par le destin. C'est ainsi que l'on assiste à un véritable embrasement de l'univers qui n'est pas sans faire penser à un moment d'apocalypse; c'est la mer puis le ciel qui se transforment en feu : «La mer a charrié un souffle épais et ardent. Il m'a semblé que le ciel s'ouvrait sur toute son étendue pour laisser pleuvoir du feu» (l. 20-23).

Meursault, quant à lui, n'agit pas de manière volontaire et consciente : le pas en avant qu'il accomplit ressemblait déjà à un geste instinctif. Et c'est encore par une espèce de réflexe qu'il réagit à cette impression d'embrasement; tension, crispation, semblent plus involontaires que conscientes et voulues : «Tout mon être s'est tendu et j'ai crispé ma main sur le revolver» (l. 23-24).

Tout se passe comme si les objets agissaient d'eux-mêmes, comme en témoigne la formule : «La gâchette a cédé» (l. 24). D'ailleurs, dans le récit, l'acte même de Meursault – que l'on pourrait résumer par «j'ai tiré» – est absent : il a lieu entre «La gâchette a cédé» (l. 24) et «j'ai touché le ventre poli de la crosse» (l. 25); mais l'instant exact du coup de feu n'est pas rapporté. Cette ellipse au sein d'un récit qui pourtant étire une action qui ne dure qu'une fraction de seconde exprime bien l'idée que Meursault n'agit pas vraiment mais «est agi».

Le fait que Meursault, comme tout héros tragique, est dominé tout au long de cette scène par le destin, est clairement symbolisé par son aveuglement[1]. Cet aveuglement a une double origine : il est le résultat de la lumière éblouissante : «Cette épée brûlante rongeait mes cils et fouillait mes yeux» (l. 19-20); il est surtout lié à la sueur qui «a coulé d'un coup sur les paupières et les a recouvertes d'un voile tiède et épais» (l. 13-14). Le texte insiste d'ailleurs sur cette idée en reprenant l'image du «voile» : «Mes yeux étaient aveuglés derrière ce rideau de larmes et de sel»

---

[1]. On ne peut que songer ici à Œdipe, héros tragique par excellence, qui se crève les yeux pour se punir de son propre aveuglement moral.

(l. 15-16). Cette cécité de Meursault se prolonge jusqu'au moment fatidique du meurtre puisque c'est seulement après avoir tiré qu'il retrouve la vue : «J'ai secoué la sueur et le soleil» (l. 27). Une telle coïncidence est, elle aussi, très symbolique car il semble que son geste, commis pourtant dans l'aveuglement, débouche sur une prise de conscience finale. Avec cet acte qui constitue une cassure irrémédiable dans sa vie, s'amorce la transformation progressive du personnage.

(MEURSAULT : LE DÉBUT D'UNE TRANSFORMATION)

Le fait que Meursault recouvre la vue marque une transformation psychologique. Le geste de Meursault implique, comme l'indique l'emploi du verbe «détruire» (l. 28), la perte irrémédiable de ce qu'avait été jusqu'alors son existence; c'est au moment où il perd définitivement tout ce qui faisait sa vie qu'il mesure la valeur de ce qu'il possédait; les formules : «l'équilibre du jour» (l. 28), «le silence exceptionnel d'une plage où j'avais été heureux» (l. 28-30), soulignent bien le prix que prend soudain à ses yeux ce qui jusque-là n'était qu'une évidence dans laquelle il baignait.

En fait, dans l'instant qui suit le coup de feu fatal, s'opère une prise de conscience qui est exprimée par le verbe : «J'ai compris» (l. 27-28). C'est elle qui peut expliquer la suite de ses actes. Pourquoi, en effet, tirer de nouveau sur le corps de l'Arabe? C'est cette attitude même qui, restée incomprise lors du procès, lui sera vivement reprochée. Il semble que Meursault, soudain conscient du caractère irréversible de son geste, veuille souligner pour lui-même qu'il a atteint un point de non-retour. Par ces «quatre coups brefs» frappés «sur la porte du malheur» (l. 32-33), Meursault va jusqu'au bout de son acte et se prépare ainsi à pénétrer dans ce qui sera désormais son avenir : l'image de la porte a ici une valeur de symbole puisqu'il s'agit bien, en effet, de franchir un seuil.

Par cet ultime geste, Meursault qui, dans toute la scène, a été le jouet du destin, prend en charge ce même destin en assumant jusqu'au bout ce qu'il n'a pourtant pas voulu commettre. Là encore, on ne peut que penser à la trajectoire du héros tragique et aussi au personnage de Sisyphe[1] évoqué par Camus.

Le processus psychologique nouveau marque l'amorce d'une évolution dont on verra qu'elle se poursuit dans la seconde partie du roman. Mais cette transformation est déjà assez nette pour se marquer dans le langage de Meursault narrateur. Dans cet extrait, on constate en effet un changement de style. Racontant le drame *a posteriori*, il semble s'efforcer, dans l'écriture, de rendre compte de ce qui s'est passé en transcrivant de manière très détaillée ses sensations. La rapidité relative avec laquelle se déroulent les faits contraste avec la longueur du récit. On constate, par ailleurs, une plus grande fréquence de phrases longues : les phrases courtes, d'ordinaire si caractéristiques du style de Meursault, deviennent l'exception. Beaucoup plus frappante encore est la transformation qui s'opère dans le vocabulaire : celui-ci n'a plus rien de répétitif ; il est beaucoup plus travaillé que dans les chapitres précédents. Apparaissent ainsi de nombreuses métaphores et comparaisons dont l'emploi vient mettre en valeur les thèmes principaux de l'extrait : elles sont liées à la présence du soleil avec «cymbales du soleil» (l. 16-17), «pleuvoir du feu» (l. 23), «souffle épais et ardent» (l. 21), mais aussi à la sueur et à l'aveuglement évoqués à travers «ce rideau de larmes et de sel» (l. 15-16), et «un voile tiède et épais» (l. 14). La lumière réfléchie par le couteau de l'Arabe est assimilée à une arme successivement désignée à travers tout un jeu de synonymes, comme «une longue lame étincelante» (l. 11), «le glaive éclatant» (l. 17-18), une «épée brûlante» (l. 19).

Dans ces images, Meursault pratique aussi des alliances de termes qui associent des domaines sensoriels différents ; ainsi une sensation auditive est-elle mise en rapport avec une impression visuelle et tactile dans «les cymbales du soleil» (l. 16-17). On peut constater également qu'un jeu d'allitérations peut venir souligner une phrase clé comme dans : «J'ai secoué la sueur et le soleil» (l. 27). Le langage de Meursault se charge même, à la fin du texte, d'une certaine grandiloquence quand il parle de «l'équilibre du

---

[1]. Cf. *Le Mythe de Sisyphe*, collection Folio-Essais, n° 11. Sisyphe est condamné, dans les Enfers, à rouler sans fin jusqu'en haut d'une colline un rocher qui, inéluctablement, redévalle la pente. Camus en a fait l'un des symboles de l'homme absurde.

jour» (l. 28), du «silence exceptionnel d'une plage où j'avais été heureux» (l. 28-30), ou encore de «la porte du malheur» (l. 33). Soudain, son style se fait plus solennel et il en arrive, lui qui était incapable de dire : «je t'aime», à prononcer de «grands mots» comme l'adjectif «heureux». On est loin dès lors de la neutralité et de l'économie de moyens qui caractérisaient l'écriture des chapitres précédents. Un tel changement témoigne lui aussi de la transformation qu'implique le geste qu'il vient d'accomplir.

▬▬▬ (CONCLUSION)

Ce passage est à plusieurs titres un moment crucial du texte. Avec la mort d'un homme, il met en jeu quelque chose d'essentiel. De plus, ce geste de Meursault est irréversible : rien ne peut faire qu'il ne l'ait pas accompli, rien ne peut l'effacer. Pour la première fois, Meursault, qui répugnait tant à s'engager, se retrouve entièrement impliqué dans une action aux conséquences considérables. Du même coup, sa propre vie, elle aussi, est tranchée. Son geste provoque une coupure irrémédiable dont il prend lui-même conscience. Quant à Camus, il la souligne clairement par la construction de son roman : c'est sur le meurtre de l'Arabe que s'achève, en effet, la première partie du livre. Dès lors, rien ne sera plus comme avant, car cet acte par lequel Meursault se perd est aussi l'amorce d'une prise de conscience progressive qui, au fil des chapitres de la seconde partie, conduira le lecteur jusqu'à la conclusion du roman.

7 Extrait de la seconde partie, chapitre 3

Le procès[1]

J'étais un peu étourdi aussi par tout ce monde dans cette salle close. J'ai regardé encore le prétoire et je n'ai distingué aucun visage. Je crois bien que d'abord je ne m'étais pas rendu compte que tout le monde se pressait pour me voir. D'habitude, les gens ne s'occupaient pas de ma personne. Il m'a fallu un effort pour comprendre que j'étais la cause de toute cette agitation. J'ai dit au gendarme : « Que de monde ! » Il m'a répondu que c'était à cause des journaux et il m'a montré un groupe qui se tenait près d'une table sous le banc des jurés. Il m'a dit : « Les voilà. » J'ai demandé : « Qui ? » et il a répété : « Les journaux. » Il connaissait l'un des journalistes qui l'a vu à ce moment et qui s'est dirigé vers nous. C'était un homme déjà âgé, sympathique, avec un visage un peu grimaçant. Il a serré la main du gendarme avec beaucoup de chaleur. J'ai remarqué à ce moment que tout le monde se rencontrait, s'interpellait et conversait, comme dans un club où l'on est heureux de se retrouver entre gens du même monde. Je me suis expliqué aussi la bizarre impression que j'avais d'être de trop, un peu comme un intrus. Pourtant, le journaliste s'est adressé à moi en souriant. Il m'a dit qu'il espérait que tout irait bien pour moi. Je l'ai remercié et il a ajouté : « Vous savez, nous avons monté un peu votre affaire. L'été, c'est la saison creuse pour les journaux. Et il n'y avait que votre histoire et celle du parricide qui vaillent quelque chose. » Il m'a montré ensuite, dans le groupe qu'il

---

[1]. Pages 129 à 131 dans l'édition Folio.

venait de quitter, un petit bonhomme qui ressemblait à une belette engraissée, avec d'énormes lunettes cerclées de noir. Il m'a dit que c'était l'envoyé spécial d'un journal de Paris : « Il n'est pas venu pour vous, d'ailleurs. Mais comme il est chargé de rendre compte du procès du parricide, on lui a demandé de câbler votre affaire en même temps. » Là encore, j'ai failli le remercier. Mais j'ai pensé que ce serait ridicule. Il m'a fait un petit signe cordial de la main et nous a quittés. Nous avons encore attendu quelques minutes.

COMMENTAIRE COMPOSÉ

(INTRODUCTION[1])

En ce début du chapitre 3 de la seconde partie, un an s'est écoulé depuis le meurtre. Dans les deux chapitres précédents, consacrés au récit des douze mois, est intervenu un changement de perspective essentiel : le lecteur a désormais connaissance, au moins partiellement, des pensées de Meursault. Il a donc été amené à partager son point de vue, ce qui revient, pour le procès, à adopter celui de l'accusé : on verra le parti que Camus sait tirer de ce dispositif narratif.

L'extrait se situe au moment où Meursault vient d'entrer, pour la première fois, dans la salle d'audience du tribunal. On analysera ses efforts pour appréhender le spectacle nouveau qui s'offre à lui, sa prise de conscience de la position paradoxale qui est la sienne et la mise en œuvre par Camus d'une satire acérée de la justice.

(UN SPECTACLE NOUVEAU)

Confronté pour la première fois à un univers totalement nouveau, Meursault observe en spectateur attentif ce qui se passe autour de lui : en témoignent les verbes « regarder » (l. 2), « distinguer » (l. 3), « remarquer » (l. 17). Son attention se manifeste aussi dans la description méticuleuse des personnes qu'il découvre, comme le journaliste que connaît

---
1. Cf. note 1, p. 4.

le gendarme (l. 13-15), ou celui venu de Paris (l. 29-31). Cependant, l'impression de malaise créée par la présence d'une foule nombreuse (l. 1-2) et l'anonymat des figures («et je n'ai distingué aucun visage» (l. 2-3) suffisent à suggérer ses difficultés pour appréhender la réalité qui l'entoure.

Meursault a d'ailleurs besoin de l'aide de ces habitués que sont le gendarme et le journaliste. Tous deux interviennent de manière parallèle pour lui fournir des explications. A la série des verbes concernant le gendarme: «Il m'a répondu» (l. 8-9), «il m'a montré» (l. 9-10), «Il m'a dit» (l. 11), répond un peu plus loin à propos du journaliste: «Il m'a dit» (l. 23), «il a ajouté» (l. 25), «Il m'a montré» (l. 29), «Il m'a dit» (l. 32). Si Meursault arrive à cerner quelque peu la réalité qui l'entoure, c'est parce que les deux hommes lui désignent d'un geste ce qu'il faut regarder (les journaux, l. 10); le journaliste venu de Paris, l. 30) ou lui donnent verbalement une précision (l. 12, 33).

Toutefois ces indications ne s'avèrent pas toujours suffisantes pour le guider. Ainsi, quand le gendarme désignant le groupe des journalistes se contente de dire de façon très allusive: «Les voilà» (l. 11), Meursault est-il obligé de l'interroger («Qui?», l. 12) pour obtenir une réponse plus explicite.

Il est également amené à fournir tout un travail mental pour analyser ce qu'il perçoit. En témoigne une démarche qui, à plusieurs reprises, s'organise en deux temps: «d'abord je ne m'étais pas rendu compte» (l. 3-4) est suivi de: «Il m'a fallu un effort pour comprendre que j'étais la cause de toute cette agitation» (l. 6-8). De même l'expression: «Je me suis expliqué» (l. 20-21) marque une compréhension *a posteriori* de ce qui n'était au départ qu'une perception intuitive («la bizarre impression que j'avais», l. 21).

C'est ainsi que la découverte par Meursault de l'univers du tribunal produit une impression ambivalente: l'aide apportée par le gendarme et le journaliste, les efforts d'attention et d'analyse qu'il consent lui-même à accomplir, permettent indéniablement à Meursault d'acquérir, en dépit de ses difficultés, quelques repères. Pourtant, il semble malgré tout que, de son point de vue, quelque chose n'aille pas qui dépasse le simple problème de sa méconnaissance partielle de l'univers du tribunal.

■■■ (UNE POSITION PARADOXALE)

Meursault a la sensation étrange de n'avoir pas sa place dans cet univers : «Je me suis expliqué aussi la bizarre impression que j'avais d'être de trop, un peu comme un intrus» (l. 20-22). Constatant que tout le monde se connaît et qu'il n'y a là que des «gens du même monde» (l. 20), Meursault prend conscience du paradoxe de sa position : alors qu'en tant qu'accusé, il pouvait légitimement s'attendre à être au centre du processus judiciaire, il a l'impression, au contraire, d'en être d'emblée et irrémédiablement exclu.

Qui plus est, cette situation, en elle-même paradoxale, se trouve redoublée par un autre phénomène apparemment contradictoire. Meursault s'aperçoit, en effet, qu'il est plus vu qu'il ne voit et que, s'il est spectateur, il est aussi spectacle : «tout le monde se pressait pour me voir» (l. 4-5). Tel le Persan de Montesquieu[1], il se retrouve au centre des regards d'une foule qu'il perçoit comme très importante. En témoignent l'insistance de plusieurs formules : «tout ce monde dans cette salle close» (l. 1-2), «tout le monde» (l. 4), et l'exclamation : «Que de monde!» (l. 8).

Pour Meursault, cette position est difficile à appréhender dans sa nouveauté : «D'habitude, les gens ne s'occupaient pas de ma personne» (l. 5-6). Il a du mal à prendre conscience de la situation dans laquelle il se trouve désormais et il ne s'en rend compte qu'avec difficulté et un temps de décalage : «Il m'a fallu faire un effort pour comprendre que j'étais la cause de toute cette agitation» (l. 6-8).

Cependant, s'il finit par comprendre qu'il est la cause de la présence du public, Meursault ne saisit pas pourquoi il en est ainsi : point central, pour les autres, de ce qui va se jouer – le procès –, il n'arrive manifestement pas à se percevoir dans le rôle d'accusé qui est le sien et dans lequel il se trouve projeté un peu comme un acteur sur une scène.

On assiste en fait à un phénomène de dédoublement : on notera, en effet, que Meursault n'écrit pas : «D'habitude, les gens ne s'occupaient pas de moi», mais qu'il utilise une

---

[1]. Cf., dans les *Lettres persanes* de Montesquieu, le texte où Usbeck, habillé en Persan, devient un objet de curiosité pour les Parisiens (Lettre 30).

tournure qui peut paraître, surtout sous sa plume, un peu précieuse, voire désuète : « D'habitude, les gens ne s'occupaient pas de ma personne » (l. 5-6). Le texte introduit par là même un décalage subtil entre ce que Meursault est pour lui-même et ce qu'il est pour les autres qui ne perçoivent, de l'extérieur, qu'une forme, une enveloppe. Tout se passe donc comme si Meursault se retrouvait étrangement dédoublé entre un moi propre, qui est celui qu'il appréhende de l'intérieur, et un moi étranger – l'accusé qui comparaît devant le tribunal –, objet du regard des autres. Or, si ce dernier est au centre du processus judiciaire, le premier, on l'a vu, en est radicalement exclu.

Le texte met délibérément en place cette dualité des deux Meursault : d'un côté, le Meursault vu par le regard des autres et dont la « personne » sera l'objet du procès sans que lui-même se reconnaisse dans ce que l'on voit ou dit de lui ; de l'autre, le Meursault qui voit – et qui, racontant, nous fait partager son point de vue – et dont la position est une position d'extériorité par rapport à ce qu'il décrit. Ce décalage est essentiel, car tout le récit du procès s'organise à partir de lui : le lecteur, adoptant le point de vue de Meursault narrateur, est amené à considérer d'une façon critique ce qui est dit de l'accusé. Dès lors, le dispositif est en place pour permettre à Camus de dénoncer le fonctionnement de l'institution judiciaire.

■ (LA SATIRE DE LA JUSTICE)

Jouant d'un retournement habile, fondé sur la distance que le texte établit entre celui qui regarde (Meursault) et ce qu'il regarde (le procès où il joue le rôle d'accusé), Camus fait en sorte que le procès ne soit pas tant celui de Meursault que celui de la justice elle-même, et « épingle » tour à tour public, gendarmes, journalistes.

Le public donne l'impression d'une foule amassée comme dans une salle de spectacle : les mots « se pressait » (l. 4-5) et « agitation » (l. 7-8) suggèrent l'idée d'une effervescence disproportionnée et qui peut même paraître agressive et bruyante (« s'interpellait » et « conversait », l. 18-19). L'attitude d'ensemble du public fait penser à l'atmosphère d'un club (l. 19), ou d'une kermesse[1]. Ce «même monde», celui de la justice dont tous les habitués possèdent le code qui fonde leur complicité, s'organise explicitement ici selon les règles de la mondanité : le tribunal apparaît comme un lieu mondain dans lequel on se rend pour voir, être vu et se voir.

Le gendarme lui-même n'échappe pas, malgré sa bonne volonté envers Meursault, à la critique de Camus ; en effet, lui aussi participe de cet univers où tout le monde se connaît (l. 13 et 18). Il fait également figure d'initié qui considère comme évident le code secret qui régit le fonctionnement de l'institution. Donnant des explications à Meursault, le gendarme le fait de manière si elliptique et allusive que ses précisions ne sont pas immédiatement compréhensibles pour l'accusé. Ainsi se contente-t-il de montrer l'emplacement réservé aux journalistes en disant : «Les voilà» (l. 11), par référence aux journaux dont il vient de parler. De même désigne-t-il, en vertu d'une licence de la langue parlée, les journalistes par la métonymie : «Les journaux» (l. 12).

A cette peinture qui souligne la puissante capacité d'exclusion de l'institution judiciaire s'ajoute, plus virulente encore, la critique des journalistes. Là aussi, c'est une institution, et non des individus particuliers, qui est visée. Les «journaux» occupent une place symbolique («sous le banc des jurés», l. 10-11) qui, loin de leur conférer la position de neutralité qui devrait être la leur, les fait apparaître comme partie prenante du processus judiciaire. D'ailleurs, la comparaison du journaliste parisien avec «une belette engraissée» (l. 31), a valeur de dénonciation directe : la belette n'est-elle pas un petit animal carnivore et celle-ci ne s'est-elle pas «engraissée» de bien d'autres accusés ?

Pour les journaux, le cas de Meursault constitue une aubaine. Le journaliste explique d'ailleurs de lui-même une pratique qui paraît à la fois courante et normale : «nous avons monté un peu votre affaire» (l. 25-26), dit-il à Meursault, complétant par là même l'explication que le gendarme avait esquissée. En fait, le texte laisse entendre que la presse s'est emparée du meurtre commis par Meursault, pour «faire de la copie» dans un contexte de pénurie

---

1. Cf. aussi Folio, p. 128.

(l. 26-27). Et que signifie, dans la bouche du journaliste, le verbe «valoir» («qui vaillent quelque chose», l. 28-29)? De quel point de vue l'histoire de Meursault vaut-elle, en effet? N'est-ce pas justement de celui des journaux qui jaugent les faits uniquement en fonction du discours dont ils peuvent être l'occasion? Camus semble suggérer, par là même, l'idée que le langage – dont, rappelons-le, Meursault s'est toujours méfié – constitue un piège pour celui qu'il prend pour objet.

Il est d'ailleurs significatif que les journaux aient déjà procédé à un rapprochement entre l'affaire de Meursault et le parricide qui doit être jugé juste après (l. 35). Le parallélisme ainsi établi place d'emblée le meurtre de Meursault sous le jour le plus odieux et préfigure en même temps le réquisitoire du procureur[1] et le verdict des jurés.

Il est clair que Camus a voulu, par là, dénoncer la propension de la presse à juger par avance d'une affaire tout en suggérant que, dans un système aussi insidieusement pervers, les jeux sont déjà faits : aussi faut-il interpréter comme un trait d'ironie de la part de l'auteur les velléités de remerciement de Meursault à l'égard du journaliste : «Là encore, j'ai failli le remercier. Mais j'ai pensé que ce serait ridicule» (l. 36-38). En effet, la forme d'attention que lui portent les journaux laisse auguer le pire pour la suite du procès.

▰▰▰ (CONCLUSION)

Ce texte, qui se situe tout au début des deux chapitres consacrés au procès, livre les clés qui permettent de déchiffrer le fonctionnement narratif de l'ensemble de l'épisode. Alors même que le lecteur est amené à adopter le point de vue de Meursault, Camus place son personnage dans une position de porte-à-faux : à l'image de l'accusé que construit le regard des autres, s'oppose un Meursault narrateur qui, exclu, regarde de l'extérieur son propre procès. A travers le décalage ainsi créé, Camus met en place une critique de l'institution judiciaire que, mi-moraliste, mi-pamphlétaire, il poursuivra tout au long du récit du procès.

---

[1]. Cf. p. 156, où le procureur assimile lui aussi le meurtre de l'Arabe et le parricide.

8 Extrait de la seconde partie, chapitre 4

Le verdict[1]

Nous avons attendu très longtemps, près de trois quarts d'heure, je crois. Au bout de ce temps, une sonnerie a retenti. Mon avocat m'a quitté en disant : «Le président du jury va lire les réponses. On ne vous fera entrer que pour l'énoncé du jugement.» Des portes ont claqué. Des gens couraient dans des escaliers dont je ne savais pas s'ils étaient proches ou éloignés. Puis j'ai entendu une voix sourde lire quelque chose dans la salle. Quand la sonnerie a encore retenti, que la porte du box s'est ouverte, c'est le silence de la salle qui est monté vers moi, le silence, et cette singulière sensation que j'ai eue lorsque j'ai constaté que le jeune journaliste avait détourné ses yeux. Je n'ai pas regardé du côté de Marie. Je n'en ai pas eu le temps parce que le président m'a dit dans une forme bizarre que j'aurais la tête tranchée sur une place publique au nom du peuple français. Il m'a semblé alors reconnaître le sentiment que je lisais sur tous les visages. Je crois bien que c'était de la considération. Les gendarmes étaient très doux avec moi. L'avocat a posé sa main sur mon poignet. Je ne pensais plus à rien. Mais le président m'a demandé si je n'avais rien à ajouter. J'ai réfléchi. J'ai dit : «Non.» C'est alors qu'on m'a emmené.

---

1. Pages 163-164 dans l'édition Folio.

EXPLICATION DE TEXTE

SITUATION DU PASSAGE

Situé à la fin des deux chapitres consacrés au procès, cet extrait correspond au moment crucial du verdict. Le dispositif narratif mis en place par Camus confère au passage une grande efficacité : le point de vue adopté est celui d'un Meursault qui rend compte de la scène en fonction de la position qui était la sienne lors des faits. Ainsi le texte, faisant partager au lecteur l'attente de l'accusé au moment de la sentence, se caractérise-t-il par une forte tension dramatique.

COMPOSITION ET MOUVEMENT

Le passage s'organise en deux étapes marquées par l'évocation volontairement parallèle des deux sonneries qui se font successivement entendre (l. 3 et l. 9-10). La première coïncide avec la lecture des réponses du jury; la seconde, avec l'énoncé de la sentence. Ces étapes correspondent aussi à une position différente de Meursault : dans la première, il attend dans une pièce contiguë à la salle du tribunal; dans la seconde, il est dans le box des accusés.

EXPLICATION SUIVIE

Première partie (l. 1 à 9)

● **La première phrase**

Cette première phrase fait le lien avec le paragraphe précédent qui évoque l'attente de Meursault en compagnie de son avocat pendant que le jury délibère. Elle crée un effet de tension en insistant sur la durée de cette attente (l. 1-2).

Au-delà de leur apparente redondance, les notations temporelles introduisent une distorsion légère mais significative entre impression subjective («très longtemps») et indication objective («près de trois quarts d'heure»). Ce discret décalage qui dilate le temps intérieur par rapport au temps chronologique suffit à suggérer la tension de Meursault. Cet effet d'étirement temporel est d'ailleurs renforcé par le début de la deuxième phrase.

● **De : «Au bout de ce temps»** (l. 2) **à : «jugement»** (l. 6)

Débute, rythmé dans ses phases successives par la sonnerie (l. 3), le dénouement du procès. Repère sonore, ce détail témoigne, en même temps, de la perception limitée de Meursault : il perçoit le bruit sans en identifier ni l'origine ni la signification. La sonnerie donne aussi l'impression de retentir toute seule, et semble à la fois participer d'un univers déshumanisé et représenter le destin dont l'engrenage dirige la vie de Meursault.

Significativement, la sonnerie marque le départ de la seule présence humaine entourant Meursault : «Mon avocat m'a quitté» (l. 3). Le personnage sera seul pour affronter le verdict qui va tomber. Sa solitude apparaît d'ailleurs d'autant plus absolue que, comme le lui apprennent les dernières paroles de l'avocat, il est exclu, de fait, d'une partie de ce qui va se jouer (l. 4-6).

Aussi Meursault semble réduit à subir une procédure aussi arbitraire qu'étrange : comment se fait-il, en effet, que le premier concerné – l'accusé – soit tenu à l'écart au point d'être le dernier informé des conclusions des jurés?

● **De : «Des portes»** (l. 6) **à : «la salle»** (l. 9)

Meursault n'a des événements qu'une perception purement auditive («claqué», l. 6; «couraient», l. 6; «j'ai entendu une voix sourde», l. 8-9) et donc incomplète; la formule : «Des portes ont claqué» (l. 6), marque son ignorance des agents de l'action et le caractère indéfini du sujet dans «Des gens couraient» (l. 6) souligne l'impossibilité d'une identification précise. De même, son incapacité à localiser les bruits qu'il entend (l. 7-8) le prive-t-elle de toute possibilité de les interpréter en relation avec son affaire. Enfin, avec : «j'ai entendu une voix sourde lire quelque chose» (l. 8-9), le texte insiste encore sur les difficultés de perception liées à la position particulière de Meursault. Cette «voix» est-elle sourde naturellement? Est-elle assourdie par la distance ou est-ce la gravité de ce qui est lu qui lui donne ce timbre?

Bref, les restrictions qui caractérisent la perception de Meursault créent une tension, un effet d'attente et de dramatisation que redouble l'opposition entre des termes marquant le mouvement, voire la précipitation («claqué», l. 6; «couraient, l. 6), et ce que l'on imagine être l'immobilité et la passivité forcées du personnage.

Cette dramatisation est aussi le fait de tout un jeu de rythmes et de sonorités : les trois phrases qui s'enchaînent (l. 6 à 9) sont constituées de groupes syntaxiques de longueur croissante. La première phrase est très brève, tandis que la seconde se caractérise par un allongement progressif des groupes syntaxiques qui la composent («Des gens couraient / dans des escaliers / dont je ne savais pas / s'ils étaient proches ou éloignés»). La troisième, elle, est construite sur deux segments de longueur égale dont la symétrie est renforcée par la reprise de la même sonorité sifflante («Puis j'ai entendu une voix sourde / lire quelque chose dans la salle»). Ce crescendo rythmique qui produit un effet d'attente donne une dimension progressivement plus solennelle au texte, préparant ainsi la phrase suivante.

Deuxième partie (l. 9 à 25)

● **De : «Quand la sonnerie»** (l. 9) **à «ses yeux»** (l. 14)

L'instant crucial du jugement est mis en valeur par la construction syntaxique de la phrase (l. 9 à 14) : la présence d'une double subordonnée temporelle retarde l'apparition de la proposition principale, créant ainsi un effet d'attente; quant à cette dernière proposition, elle se trouve elle-même étirée par un triple effet : l'emploi du tour présentatif («c'est le silence [...] qui»), la reprise anaphorique du mot «silence» et enfin la coordination très libre d'un deuxième sujet («et cette singulière sensation...») dont la présence relance la phrase pour mieux la prolonger. Les sonorités, pour leur part, renforcent à travers d'insistantes allitérations en «s», ces effets syntaxiques (l. 00). Tout contribue à créer une impression de solennité dramatique.

L'énoncé se caractérise aussi par les perceptions aiguës et fragmentaires de Meursault. Isolement et déshumanisation y dominent, liés à l'effacement, dans le récit, de tout agent humain identifiable : c'est le cas dans «la sonnerie a encore retenti» (l. 9-10) et, plus nettement encore à cause du tour pronominal, dans la formule : «la porte du box s'est ouverte» (l. 10-11).

La perception très sélective de Meursault privilégie, en revanche, deux éléments : le silence et l'attitude du jeune journaliste à travers lesquels semble s'exprimer pour lui le verdict de sa culpabilité. Outre la répétition insistante du mot, le texte charge, en effet, le silence d'une nuance inquiétante en le dotant d'une dimension dynamique : «c'est le silence de la salle qui est monté vers moi» (l. 11-12).

Le jeune journaliste, lui, est caractérisé par un détail aussi précis que significatif : «... le jeune journaliste avait détourné ses yeux» (l. 13-14). L'emploi insistant de l'adjectif possessif «ses» au lieu de l'article défini contribue à mettre l'accent sur une indication à la portée symbolique. Au début du procès le texte désignait le personnage comme une sorte de double de Meursault[1] à travers lequel ce dernier pouvait appréhender, au moins fugitivement, ce qu'il se sentait être ; on comprend dès lors «la singulière sensation» qu'il éprouve en constatant que le journaliste ne le regarde plus : l'absence de ce regard exprime, davantage encore que le silence, la condamnation de Meursault.

● **De : «Je n'ai pas regardé»** (l. 14) à : «**français**» (l. 18)

Tout semble donc joué, comme en témoigne aussi une accélération sensible du rythme qui se précipite à travers un énoncé soudainement plus court : «Je n'ai pas regardé du côté de Marie» (l. 14-15). L'explication donnée par Meursault (l. 15) suggère aussi qu'il s'est trouvé emporté par la rapidité des événements qui se succèdent. C'est là qu'intervient, en effet, l'énoncé de la sentence : «... le président m'a dit dans une forme bizarre que j'aurais la tête tranchée sur une place publique au nom du peuple français» (l. 15-18).

Cette formule qui transcrit on ne peut plus bizarrement des paroles que Meursault lui-même juge bizarres tire toute son efficacité des possibilités offertes par le style indirect. Ce dernier peut laisser place à une reformulation des propos de la personne qui parle par celle qui les rapporte. C'est ainsi que Meursault, mal à l'aise, on le sait, avec le langage administratif, réorganise ici d'une façon étrange

---

[1]. Cf. édition Folio, p. 132 : «J'ai eu l'impression bizarre d'être regardé par moi-même.»

des bribes de formules juridiques. Le procédé, tout en suggérant son incompréhension abasourdie, exprime la volonté polémique de Camus. En juxtaposant à la brutalité concrète de «tête tranchée», la formulation abstraite «au nom du peuple français», l'auteur fait se heurter la réalité brutale de la condamnation à mort et le langage aseptisé de l'institution judiciaire pour mieux dénoncer la peine de mort.

- **De : «Il m'a semblé»** (l. 18) **à : «plus à rien»** (l. 22)

C'est à travers l'expression lue sur les visages que prend sens, pour Meursault, la condamnation à mort prononcée par le président : si les paroles de ce dernier sont en elles-mêmes largement incompréhensibles, elles permettent cependant à Meursault d'interpréter ce qu'il a perçu intuitivement au moment où il a pénétré dans la salle («Il m'a semblé alors reconnaître le sentiment que je lisais sur tous les visages», l. 18-19). Il appréhende alors le verdict à sa manière et de façon apparemment décalée.

Nommant le sentiment qu'il a cru reconnaître, il écrit : «Je crois bien que c'était de la considération» (l. 19-20). L'emploi de «considération» peut sembler bien étrange. Pourtant, la prudence avec laquelle ce mot est proposé («Je crois bien que...») suggère qu'il a réfléchi au terme le plus adéquat pour exprimer ce qu'il a perçu : l'évolution paradoxale de son propre statut. N'accède-t-il pas, avec sa condamnation à mort, à une forme de reconnaissance sociale? Se profile là encore sous la plume de Camus une dénonciation implicite de la justice.

Les notations sur le comportement des gendarmes (l. 20-21), et le geste de l'avocat (l. 21-22) vont dans le même sens : c'est à travers leur sollicitude notée par un Meursault toujours sensible à la gentillesse qu'on lui témoigne, que se concrétise, paradoxalement encore, le verdict.

Même si elle ne s'exprime qu'à travers l'attitude d'autrui, la signification des paroles du président semble assez claire pour que se produise chez Meursault un effet de vide intérieur («Je ne pensais plus à rien», l. 22) qui contraste avec ses précédents efforts d'attention et d'interprétation. Autant que de l'indifférence ou de l'inertie, il y a peut-être ici une réaction de stupeur et d'anéantissement provoquée par l'appréhension, au moins intuitive, de la portée réelle – sa mort prochaine – de ce qui vient de se passer. On notera toutefois que le texte refuse délibérément de fournir une explication précise de l'état de Meursault qui permette de l'interpréter.

- **De : «Mais le président»** (l. 22) **à la fin**

Malgré cette sensation de vide, Meursault n'en est pas moins sollicité par la procédure qui, elle, suit son cours : en témoigne l'effet de rupture produit par la présence de la conjonction de coordination «Mais» (l. 22). Meursault répond avec bonne volonté et honnêteté : «J'ai réfléchi. J'ai dit : "Non"» (l. 24). Le décalage entre la question purement rituelle du président et la réponse de Meursault est mis en valeur par la forme de ces deux dernières phrases : l'absence de liaison souligne la successivité des deux actions et, par là même, met en relief la phase de réflexion qui précède la réponse. L'emploi du style direct contrastant avec la transcription au style indirect de la question du président, donne paradoxalement lieu à une réponse particulièrement laconique qui précipite la scène vers un dénouement que préparait déjà le rythme rapide des deux phrases précédentes.

CONCLUSION

Adoptant pour le récit du verdict le point de vue de l'accusé au moment de l'action, Camus confère à son texte une réelle intensité dramatique. Libéré de tout souci de détail réaliste, le récit atteint à une grande stylisation et se construit autour de quelques lignes de force : mécanique déshumanisée du rituel judiciaire, processus d'exclusion de l'accusé, approfondissement de la réflexion sur les notions de regard social, d'identité et de culpabilité.

Mieux que tout réquisitoire et que toute envolée lyrique et oratoire, ces données obligent le lecteur à s'interroger, au-delà du faux problème de la culpabilité de Meursault, sur la légitimité et la validité de tout le processus judiciaire.

Plan pour un commentaire composé

INTRODUCTION
- Situation du texte : dernière phase du procès.
- Annonce du plan.

1. DRAMATISATION
- Le problème du point de vue (voir restriction du champ de perception de Meursault, p. 57
- La construction temporelle (voir l'étirement temporel, pp. 56 et 58, et les effets d'accélération, p. 59).
- L'effet de solennité (voir les effets stylistiques, p. 58).

2. LA MÉCANIQUE JUDICIAIRE EN QUESTION
- L'isolement de Meursault (voir l'absence de regards, p. 57).
- La déshumanisation (voir les procédés textuels gommant toute mention des agents de l'action, p. 58).
- La dénonciation de Camus (voir la formulation de la condamnation à mort, p. 59 et le paradoxe de la reconnaissance finale de Meursault par la société, p. 60).

CONCLUSION
- Meursault entraîné dans un processus qui le dépasse.
- Paradoxalement, il acquiert un statut social (celui du «condamné à mort»).
- A mettre en relation avec les «cris de haine» qu'il espère au moment de son exécution.

9 Extrait de la seconde partie, chapitre 5

La scène avec l'aumônier[1]

Alors, je ne sais pas pourquoi, il y a quelque chose qui a crevé en moi. Je me suis mis à crier à plein gosier et je l'ai insulté et je lui ai dit de ne pas prier. Je l'avais pris par le collet de sa soutane. Je déversais sur
5 lui tout le fond de mon cœur avec des bondissements mêlés de joie et de colère. Il avait l'air si certain, n'est-ce pas? Pourtant, aucune de ses certitudes ne valait un cheveu de femme. Il n'était même pas sûr d'être en vie puisqu'il vivait comme un mort. Moi,
10 j'avais l'air d'avoir les mains vides. Mais j'étais sûr de moi, sûr de tout, plus sûr que lui, sûr de ma vie et de cette mort qui allait venir. Oui, je n'avais que cela. Mais du moins, je tenais cette vérité autant qu'elle me tenait. J'avais eu raison, j'avais encore raison, j'avais
15 toujours raison. J'avais vécu de telle façon et j'aurais pu vivre de telle autre. J'avais fait ceci et je n'avais pas fait cela. Je n'avais pas fait telle chose alors que j'avais fait cette autre. Et après? C'était comme si j'avais attendu pendant tout le temps cette minute et
20 cette petite aube où je serais justifié. Rien, rien n'avait d'importance et je savais bien pourquoi. Lui aussi savait pourquoi. Du fond de mon avenir, pendant toute cette vie absurde que j'avais menée, un souffle obscur remontait vers moi à travers des
25 années qui n'étaient pas encore venues et ce souffle égalisait sur son passage tout ce qu'on me proposait alors dans les années pas plus réelles que je vivais. Que m'importaient la mort des autres, l'amour d'une mère, que m'importaient son Dieu, les vies

---

1. Pages 182 à 184 dans l'édition Folio.

30 qu'on choisit, les destins qu'on élit, puisqu'un seul destin devait m'élire moi-même et avec moi des milliards de privilégiés qui, comme lui, se disaient mes frères. Comprenait-il, comprenait-il donc? Tout le monde était privilégié. Il n'y avait que des privi-
35 légiés.

PLAN RÉDIGÉ

(pour un commentaire composé ou une lecture méthodique en vue de l'oral)

SITUATION DU PASSAGE

Après sa condamnation à mort, Meursault attend son exécution. Passant outre à ses refus de le recevoir, l'aumônier entre dans sa cellule. A l'issue d'une conversation difficile, Meursault explose soudain. Dans un discours véhément, il récuse le système de pensée défendu par l'aumônier et exprime la conception qu'il se fait de la vie.

1. MEURSAULT FACE A L'AUMÔNIER

La violence de Meursault

L'attitude de Meursault face à l'aumônier surprend par sa violence tout à fait inhabituelle. A la violence physique (l. 4), s'ajoute la violence verbale qui se manifeste à la fois dans le ton de la voix («Je me suis mis à crier à plein gosier», l. 2-3) et dans la teneur de ses propos («je l'ai insulté», l. 3). Cette soudaine explosion correspond à un refus catégorique de Meursault. L'expression : «je lui ai dit de ne pas prier» (l. 3) répond en effet aux dernières paroles de l'aumônier (cf. édition Folio, p. 182). La netteté et l'âpreté nouvelles de Meursault coïncident avec un phénomène très spécial qui se produit soudain au plus profond de lui : «Quelque chose [...] a crevé en moi» (l. 1-2). Il évoque aussi sa réaction à travers une métaphore («Je déversais», l. 4), qui fait référence à un trop-plein qui se vide : le flot de paroles qui suit témoigne d'ailleurs de son besoin nouveau d'exprimer tout ce qu'il a sur le cœur, dans un moment contradictoires («avec des bondissements mêlés de joie et de colère», l. 5-6). Là encore, Meursault apparaît sous un jour différent : lui qui parlait peu et semblait éprouver peu, parle soudain énormément et semble éprouver des émotions intenses.

L'éloquence du discours

Non seulement Meursault parle beaucoup, mais ses propos prennent l'allure d'un véritable discours dont l'éloquence rompt étrangement avec le ton neutre et inexpressif qui dominait dans l'ensemble du texte.

On relèvera tout d'abord la présence de plusieurs interrogations qui, ponctuant les propos de Meursault, témoignent de sa volonté de faire réagir son interlocuteur : «Il avait l'air si certain, n'est-ce pas?» (l. 6-7) ; «Et après?» (l. 18) ; «Comprenait-il, comprenait-il donc» (l. 33).

Plus caractéristiques encore apparaissent les très nombreuses anaphores et répétitions présentes dans le discours. Elles en renforcent l'éloquence par la valeur d'insistance qui leur est propre et les effets rythmiques qu'elles sous-tendent. L'adjectif «sûr» est ainsi répété quatre fois (l. 8-11). De même, «avoir raison» (l. 14-15) est-il scandé selon un rythme ternaire. Le mot «privilégié» est également répété trois fois (l. 32 et 34). Ailleurs, le redoublement d'un même terme accentue le caractère absolu d'une négation : «Rien, rien n'avait d'importance» (l. 20-21).

D'autres reprises, servant de points d'appui à la phrase, lui permettent de déployer toute son ampleur rhétorique : le mot «souffle» (l. 24 et 25) et l'interrogation «que m'importaient» permettent à la phrase de s'élargir puisque le verbe, d'abord suivi de deux sujets, est ensuite accompagné de trois sujets (l. 28-29).

Certaines répétitions de termes contribuent aussi à construire des effets de symétrie et d'opposition : «un seul destin devait m'élire» (l. 30-31), reprend, pour s'y opposer, la formule : «les destins qu'on élit» (l. 30). Quant à la phrase : «je tenais cette vérité autant qu'elle me tenait» (l. 13-14), elle propose la répétition inversée et frappante des mêmes termes.

Enfin, si le rapprochement brutal de deux notions fortement opposées permet de faire éclater un paradoxe («Il n'était même pas sûr d'être en vie puisqu'il vivait comme un mort», l. 8-9), la syntaxe joue également son rôle pour bâtir des oppositions nettement accentuées : «Moi, j'avais l'air d'avoir les mains vides. Mais j'étais sûr de moi» (l. 9-11); «Oui, je n'avais que cela. Mais du moins, je tenais cette vérité» (l. 12-13). Meursault, d'ordinaire si économe d'effets, se lance donc ici dans un discours volubile et passionné où l'éloquence, soudain mise en œuvre, témoigne de la force nouvelle de ses convictions. C'est donc bien d'une profession de foi qu'il s'agit de la part d'un Meursault qui, rejetant catégoriquement les positions de l'aumônier, affirme énergiquement sa propre conception de la vie.

L'affirmation de soi

Si Meursault explose, c'est que l'aumônier, au nom de ses propres convictions philosophiques et religieuses, s'autorise à énoncer à son propos une vérité dans laquelle il ne se reconnaît absolument pas : le prêtre considère, en effet, Meursault comme un homme égaré que n'éclaire pas la lumière de la foi[1]. Face à cette définition, Meursault prend définitivement conscience de ce qu'il n'est pas et rejette une image qui l'aliène. Les certitudes péremptoires de l'aumônier sont ainsi réduites à néant à travers deux formules négatives : «Pourtant, aucune de ses certitudes ne valait un cheveu de femme. Il n'était même pas sûr d'être en vie puisqu'il vivait comme un mort» (l. 7-9). De même rejette-t-il ce qu'il appelle «son Dieu» (l. 29) ainsi que toute appartenance à la communauté des chrétiens («des milliards de privilégiés qui, comme lui, se disaient mes frères», l. 31-32).

A ce rejet catégorique s'ajoute une affirmation très forte de soi. Le discours de Meursault souligne nettement l'opposition lui/moi, dans la mesure où la certitude refusée à l'aumônier est aussitôt revendiquée par Meursault lui-même : «Il n'était même pas sûr [...]. Moi, j'avais l'air d'avoir les mains vides. Mais j'étais sûr de moi, sûr de tout» (l. 8-11). La redondance des pronoms personnels («Moi, je») marque d'ailleurs l'opposition avec l'aumônier et l'affirmation énergique de soi.

Tout concourt donc à donner l'impression que Meursault, au terme de l'évolution qui est la sienne dans

---

1. Cf. édition Folio, p. 182.

la deuxième partie du roman, est arrivé à une pleine conscience de lui-même et de sa propre vie. Reste à savoir quelles sont les certitudes auxquelles il est parvenu.

2. UNE «VIE ABSURDE»

Une formule du texte peut sembler résumer les certitudes de Meursault : «cette vie absurde que j'avais menée» (l. 23). Cet emploi du mot «absurde», le seul de tout le roman, renvoie inévitablement le lecteur au *Mythe de Sisyphe*[1] et à ses développements sur la notion d'absurde.

Universalité de la mort

On peut constater que Meursault puise ses nouvelles certitudes dans sa situation particulière : la mort est, en effet, présente à l'arrière-plan de son discours, soit directement («cette mort qui allait venir», l. 12), soit plus implicitement («à travers des années qui n'étaient pas encore venues», l. 24-25; «Du fond de mon avenir», l. 22) : c'est en fonction de cette perspective – ou plutôt de cette absence de perspective – que se fait la prise de conscience de Meursault.

En effet sa condamnation lui fait prendre conscience de la mort comme destin universel de l'homme : «un seul destin devait m'élire moi-même et avec moi des milliards de privilégiés» (l. 30-32). Si ces hommes se croient «privilégiés» par rapport à Meursault, c'est parce qu'ils s'aveuglent sur leur propre destin. En effet, comme le souligne ironiquement Meursault, «Tout le monde était privilégié. Il n'y avait que des privilégiés» (l. 33-34). On voit bien ici la portée paradoxale de cette formule : si tout le monde est privilégié, il n'y a plus de privilégiés. En fait, nous sommes tous des condamnés à mort quelles que soient les circonstances particulières qui amèneront chacun de nous jusqu'à cet ultime destin.

Or, cette vérité universelle de la mort éclaire la vie en général, et la vie de Meursault en particulier, d'une lumière nouvelle. Cette mort que Meursault attend lui apparaît comme sa justification, comme la preuve qu'il a eu raison :

---

[1]. Cf. *supra,* p. 46.

«C'était comme si j'avais attendu pendant tout le temps cette minute et cette petite aube où je serais justifié» (l. 18-20). C'est l'instant de sa mort («cette minute», «cette petite aube», qui est celle de son exécution) qui, paradoxalement semble-t-il, conférera à sa vie toute sa validité. Cet instant de la mort, en faisant de sa vie un tout, un ensemble fini, donne aussi à cette vie sa légitimité absolue et irrécusable : regardée par Meursault du point de vue de la mort qu'il est occupé à attendre et que chacun rencontrera un jour, sa vie lui apparaît en effet comme totalement légitime.

Des vies équivalentes

Pour Meursault, puisque la mort est le destin universel des hommes, rien de ce qui relève de la vie particulière de chacun n'a d'importance. Puisque l'homme est voué à la mort et au néant, il n'existe pas de valeur transcendante qui puisse donner un sens à la vie et fonder du même coup une hiérarchie entre les différentes vies possibles. Meursault insiste fortement sur cette idée : «Rien, rien n'avait d'importance et je savais bien pourquoi. Lui aussi savait pourquoi» (l. 20-22). S'impose, en conséquence, l'idée d'une équivalence absolue des vies et des destins : si rien n'a d'importance, tout alors est équivalent à tout ; tout ce que l'on peut vivre se vaut et toutes les vies se valent. Ainsi Meursault exprime-t-il l'idée que, par rapport à la mort, tout s'égalise : «ce souffle égalisait sur son passage tout ce qu'on me proposait alors dans les années pas plus réelles que je vivais» (l. 25-27). Aussi n'a-t-il aucun regret d'avoir vécu comme il l'a fait ; l'idée que ce qu'il a vécu est équivalent à ce qu'il aurait pu vivre d'autre est fortement soulignée à travers trois phrases construites selon le même schéma binaire et volontairement répétitif (l. 15 à 18). Le balancement binaire et la reprise des verbes, la construction en chiasme des deux dernières phrases, expriment avec force l'équivalence totale entre les différentes actions possibles d'une vie. Cette idée essentielle est d'ailleurs résumée par Meursault dans l'interrogation familière par laquelle il apostrophe, tout de suite après, l'aumônier : «Et après?» (l. 18).

Meursault dénonce du même coup toutes les illusions humaines. En particulier, il tourne en dérision la prétention des hommes à être maîtres de leur vie sous prétexte qu'ils décident des actions particulières qu'ils accomplissent :

«Que m'importaient [...] les vies qu'on choisit, les destins qu'on élit» (l. 28-30). La reproduction au sein du discours indirect libre de ces deux formules stéréotypées crée une distance ironique qui souligne le caractère dérisoire et illusoire d'une telle prétention. De même Meursault réduit-il à néant les croyances des hommes : croyance en une entité supérieure censée donner un sens à la vie («que m'importaient son Dieu...», l. 29, demande-t-il à l'aumônier en utilisant un adjectif possessif à la valeur fortement péjorative); croyance en l'importance de certaines valeurs («Que m'importaient la mort des autres, l'amour d'une mère», l. 28-29, demande-t-il encore en une interrogation délibérément provocatrice).

Bref, Meursault balaie d'un coup les convictions et les croyances sur lesquelles se fonde d'ordinaire la vie des hommes. Elles sont dénoncées comme des illusions sans valeur qui empêchent, de surcroît, l'individu de vivre véritablement sa vie : c'est ainsi que Meursault fait remarquer à l'aumônier que sa croyance en Dieu et en une vie future le prive de sa vie sur terre : «Il n'était même pas sûr d'être en vie puisqu'il vivait comme un mort» (l. 8-9). Lui, au contraire, libéré de toutes ces fausses valeurs, peut accéder à la vérité de sa propre vie.

La vérité de Meursault

Meursault sait d'abord ce qu'il n'est pas. Sa lucidité nouvelle se manifeste, en effet, dans le rejet définitif de tout ce que la société et les autres ont tenté de lui imposer. Mais, dans le même mouvement, il a acquis une conscience aiguë de ce qu'il est véritablement. Il a, en fait, atteint sa vérité : «Oui, je n'avais que cela. Mais du moins, je tenais cette vérité autant qu'elle me tenait» (l. 12-14). Le verbe «tenir» souligne ici l'idée d'une force, d'une certitude qui fait de Meursault le maître de son destin : par la conscience qu'il a de ce qu'il est et de sa condition, il triomphe de ce qui semble le diriger.

Proche de la mort qui lui révèle la valeur véritable de sa propre vie, Meursault, loin d'en être dépossédé, la possède enfin : «j'avais l'air d'avoir les mains vides. Mais j'étais sûr de moi, sûr de tout, plus sûr que lui, sûr de ma vie et de cette mort qui allait venir» (l. 10-12).

De ce fait, Meursault parvient aussi à un état de plein

accord avec lui-même et avec cette vie dont il est désormais le possesseur lucide («J'avais eu raison, j'avais encore raison, j'avais toujours raison», l. 14-15, martèle-t-il en une série d'affirmations de plus en plus péremptoires). Car, si Meursault tourne en dérision l'idée d'une hiérarchie de valeur des vies particulières, il éprouve en revanche le sentiment intense d'avoir pleinement vécu sa vie et il lui confère une valeur suprême : elle est en effet son bien inaliénable et personne n'a le droit de l'en déposséder. Pour lui, la vie constitue une fin en soi. Ce qui compte donc, c'est de la vivre en tant que telle dans ce qu'elle a de terrestre et de concret. C'est en ce sens qu'il faut comprendre la formule qu'il adresse à l'aumônier : «Pourtant, aucune de ses certitudes ne valait un cheveu de femme» (l. 7-8) ; le «cheveu de femme», symbole sensuel de ce que le monde peut offrir à l'homme, résume pour Meursault cette conception toute terrestre de la vie.

■■■ CONCLUSION

Cet extrait qui précède la dernière page de *L'Étranger* est un moment fondamental du texte puisqu'il correspond à la prise de conscience définitive de Meursault. Dans un moment de grande véhémence, ce dernier rejette en effet la vérité de l'aumônier pour affirmer sa propre vérité : si la vie est absurde et n'a pas le sens que chacun cherche désespérément à lui donner, si les vies particulières se valent toutes, la vie en tant que telle doit, en revanche, être considérée comme la valeur de référence. Regardée d'un point de vue rétrospectif, la vie de Meursault se trouve totalement légitimée et apparaît comme son bien le plus inaliénable et le plus précieux. Meursault fait donc ici l'apologie de la vie dans ce qu'elle a de plus terrestre. C'est bien sûr pour Camus l'occasion d'exprimer ses propres convictions philosophiques. On a pu reprocher l'artifice du procédé : Meursault parlerait trop avec les mots de Camus et exprimerait trop directement les convictions de l'auteur. On ne peut cependant pas nier que le personnage reste, dans la vérité qu'il défend, parfaitement cohérent par rapport à lui-même : il exprime désormais en toute lucidité ce qu'il a vécu, d'une manière intuitive, tout au long du texte.

10 Extrait de la seconde partie, chapitre 5

La dernière page du roman[1]

Lui parti, j'ai retrouvé le calme. J'étais épuisé et je me suis jeté sur ma couchette. Je crois que j'ai dormi parce que je me suis réveillé avec des étoiles sur le visage. Des bruits de campagne montaient jusqu'à moi. Des odeurs de nuit, de terre et de sel rafraîchissaient mes tempes. La merveilleuse paix de cet été endormi entrait en moi comme une marée. A ce moment, et à la limite de la nuit, des sirènes ont hurlé. Elles annonçaient des départs pour un monde qui maintenant m'était à jamais indifférent. Pour la première fois depuis bien longtemps, j'ai pensé à maman. Il m'a semblé que je comprenais pourquoi à la fin d'une vie elle avait pris un «fiancé», pourquoi elle avait joué à recommencer. Là-bas, là-bas aussi, autour de cet asile où des vies s'éteignaient, le soir était comme une trêve mélancolique. Si près de la mort, maman devait s'y sentir libérée et prête à tout revivre. Personne, personne n'avait le droit de pleurer sur elle. Et moi aussi, je me suis senti prêt à tout revivre. Comme si cette grande colère m'avait purgé du mal, vidé d'espoir, devant cette nuit chargée de signes et d'étoiles, je m'ouvrais pour la première fois à la tendre indifférence du monde. De l'éprouver si pareil à moi, si fraternel enfin, j'ai senti que j'avais été heureux, et que je l'étais encore. Pour que tout soit consommé, pour que je me sente moins seul, il me restait à souhaiter qu'il y ait beaucoup de spectateurs le jour de mon exécution et qu'ils m'accueillent avec des cris de haine.

---

1. Pages 185-186 dans l'édition Folio.

EXPLICATION DE TEXTE

■ SITUATION

Le texte correspond à la dernière page de *L'Étranger*. Une fois l'aumônier parti, Meursault se calme. La sérénité retrouvée, il n'en confirme pas moins les positions qu'il a précédemment exposées tout en tirant un bilan définitif sur sa propre vie.

■ COMPOSITION ET MOUVEMENT

L'extrait s'organise en trois étapes. Après le départ de l'aumônier, Meursault retrouve le calme dans une sorte de fusion avec la nature (l. 1 à 10). Il songe alors à sa mère : soudain étrangement proche d'elle, il comprend les motivations qui furent les siennes à la fin de sa vie (l. 10 à 19). Enfin, il se penche une dernière fois sur lui-même pour réaffirmer la vérité profonde à laquelle il est parvenu au bout de son itinéraire (l. 19 à 29).

■ EXPLICATION SUIVIE

Le retour au calme (l. 1 à 10)

Meursault a vécu une sorte de crise furieuse : les gardiens ont dû lui arracher l'aumônier des mains[1]. En ce début d'extrait, c'est donc la fin de la crise. L'expression : «j'ai retrouvé le calme» (l. 1) marque ce retour à la normale qui se manifeste aussi par un sentiment d'épuisement : «J'étais épuisé» (l. 1), «je me suis jeté sur ma couchette» (l. 1-2), «j'ai dormi» (l. 2), suggèrent une espèce de relâchement général après la fureur et la violence dont il a fait preuve. D'ailleurs, avec la formule : «Je crois que j'ai dormi» (l. 2), on a l'impression d'une perte momentanée de la mémoire, d'un moment de totale inconscience qui permet à Meursault de se vider de tout ce qui bouillonnait en lui. C'est donc un homme neuf, libéré de ses passions, qui émerge de ce sommeil purificateur pour, significativement,

---
[1]. Cf. Folio, p. 184. Nous reprenons ici la formule même de Camus.

se retrouver d'emblée dans un contact privilégié avec la nature : «je me suis réveillé avec des étoiles sur le visage» (l. 3-4).

La relation s'établit entre Meursault et les étoiles sans qu'aucun obstacle ne vienne s'interposer. Le contact est direct, la proximité totale : les étoiles semblent étonnamment proches à travers l'emploi surprenant de la préposition «sur»; l'immense distance qui sépare l'homme de ces points les plus éloignés de l'univers visible se trouve ici totalement abolie. Hors contexte, il serait d'ailleurs impossible au lecteur de cet extrait de savoir que le personnage se trouve dans une cellule; murs et barreaux sont ici escamotés pour mettre Meursault directement en contact avec la nature.

Une véritable symbiose se réalise. On a l'impression que la nature opère tout un mouvement vers Meursault au point de pénétrer au plus profond de son être : «montaient jusqu'à moi» (l. 4-5), «rafraîchissaient mes tempes» (l. 5-6), «entrait en moi» (l. 7). C'est d'ailleurs la nature tout entière qui noue ce contact intime avec lui puisqu'il est question de «la campagne», de «la terre», du «sel», et de «la marée» (l. 4-7). De plus, cette nature vient jusqu'à lui à travers plusieurs canaux sensoriels puisque l'osmose s'opère par la vue («des étoiles sur le visage», l. 3-4), par l'ouïe («Des bruits de campagne montaient jusqu'à moi», l. 4-5) et aussi par l'odorat et le toucher réunis par le jeu d'une métaphore («Des odeurs de nuit, de terre et de sel rafraîchissaient mes tempes», l. 5-6).

En fait, la nature apporte à Meursault un calme et un apaisement qui coïncident magiquement avec son propre calme retrouvé : à son sommeil («Je crois que j'ai dormi», l. 2), répond en écho celui de la nature, à travers ce qui lui apparaît comme «la merveilleuse paix de cet été endormi» (l. 6-7). Grâce à la sérénité de cette atmosphère nocturne qui contraste avec l'hostilité agressive du soleil lors de la scène du meurtre, s'opère une sorte de fusion entre Meursault et la nature. Ces instants privilégiés semblent, d'ailleurs, s'étirer dans une espèce d'atemporalité heureuse à travers l'emploi des imparfaits : «montaient» (l. 4), «rafraîchissaient» (l. 5-6), «entrait» (l. 7).

Pourtant le bruit désagréable des sirènes (l. 8), exprimé par l'emploi péjoratif du verbe «ont hurlé», semble venir rompre cet état de sérénité et de plénitude. Marque agressive de l'existence des hommes, elles devraient réinsérer de force Meursault dans l'univers humain. Or, cet appel insistant souligne, au contraire, son détachement complet : «Elles annonçaient des départs pour un monde qui maintenant m'était à jamais indifférent» (l. 9-10). La rupture de Meursault avec le monde des hommes apparaît radicale («à jamais») et correspond à une évolution désormais achevée («maintenant») ; ces sirènes résument à travers leurs appels le monde des humains, ses illusions, ses faux espoirs, et la sérénité qu'il a atteinte est le fruit du renoncement définitif à tout cela. L'expression «à la limite de la nuit» souligne bien toute la distance qui sépare Meursault de l'espace où retentissent ces appels.

Meursault et sa mère (l. 10 à 19)

C'est à cet instant qu'affleure en Meursault le souvenir de sa mère (l. 10-12), et c'est d'abord à travers l'identité d'une atmosphère que s'opère son rapprochement avec elle, comme cela avait été fugitivement le cas lors de l'enterrement. Les mêmes termes déjà employés dans le premier chapitre[1] sont volontairement repris ici en un jeu d'échos significatifs : «Là-bas, là-bas aussi, autour de cet asile où des vies s'éteignaient, le soir était comme une trêve mélancolique» (l. 14-16). Si l'émotion, avec l'anaphore de «là-bas», semble plus forte, si la certitude d'un «était» a remplacé le «devait être» hypothétique, c'est sans doute parce que les destins de Meursault et de sa mère se sont désormais rapprochés : Meursault attend son exécution dans sa prison comme sa mère, parvenue à la fin de sa vie, attendait la mort à l'asile de Marengo. Le texte insiste sur cette dernière idée à travers plusieurs formules : «cet asile où des vies s'éteignaient» (l. 15), «Si près de la mort» (l. 16-17), «à la fin d'une vie» (l. 12-13).

Meursault se retrouve donc doublement proche de sa mère. C'est cette identité de situation et d'état d'esprit qui lui donne le sentiment de la comprendre : «Il m'a semblé que je comprenais pourquoi […] elle avait pris un "fiancé", pourquoi elle avait joué à recommencer» (l. 12-14). La phrase qui s'élargit en s'appuyant sur la répétition de «pourquoi» souligne le caractère profond et intense de ce

---

1. Cf. édition Folio, p. 27.

rapprochement avec sa mère. Bien que toujours prudent dans ses formulations («Il m'a semblé», dit-il), Meursault, dans un mouvement d'authentique sympathie, affirme sa solidarité avec un comportement que les convenances factices tournent en dérision.

En fait, pour Meursault, la vie de sa mère à l'asile qui, au regard des valeurs conventionnelles, peut paraître pitoyable et même un peu ridicule, est totalement justifiable : le texte insiste sur le caractère apparemment dérisoire de cette vie avec les guillemets du mot «fiancé» (l. 13) et l'emploi du verbe «jouer» («elle avait joué à recommencer», l. 14); mais n'est-ce pas pour mieux réduire à néant une vision des choses dont Meursault, avec la lucidité qui est désormais la sienne, dénonce toute la fausseté ? Loin de l'image que la société peut fabriquer de sa mère, Meursault imagine une vérité qui rejoint celle à laquelle il est lui-même parvenu. Comme pour lui, la proximité de la mort a été, pour sa mère, une sorte de libération : «Si près de la mort, maman devait s'y sentir libérée» (l. 16-17)[1]. C'est qu'il interprète l'attitude de sa mère comme l'affirmation d'une adhésion délibérée à la vie qui a été et est encore la sienne. Cette adhésion pleine et entière à une vie pourtant insignifiante et la réappropriation qu'elle implique donnent à la mère de Meursault assez de certitude pour «jouer à recommencer» (l. 14) et être «prête à tout revivre» (l. 17-18). En fait, dans l'esprit de Meursault, il est clair que sa mère, à la veille de sa mort, est parvenue, comme lui, à une vérité essentielle : c'est la vie terrestre en tant que telle qui est la seule vraie valeur. Ce qui compte, c'est donc de la vivre jour après jour en ayant conscience de cette vérité libératrice. Loin d'être écrasé par la conscience de la mort qui l'attend, l'être humain peut dès lors vivre – ou re-vivre – en affirmant jusqu'au bout le caractère certes dérisoire mais aussi infiniment précieux de sa propre vie.

Aussi Meursault récuse-t-il, dans une formule péremptoire que souligne l'effet lyrique de l'anaphore de «personne», toute forme de regret à l'égard de sa mère : «Personne, personne n'avait le droit de pleurer sur elle» (l. 18-19). Ce refus absolu vise d'abord les autres. Mais «personne» inclut aussi Meursault lui-même : celui-ci a donc eu raison de ne pas pleurer lors de l'enterrement. A

---

1. Cf. *supra,* extrait n° 9.

l'encontre du tribunal qui a condamné en lui un mauvais fils, Meursault se juge, en fait, comme un bon fils : il comprend sa mère, il l'a même rejointe dans une expérience commune, il n'a pas pleuré au moment de sa mort et il sait maintenant qu'il était dans le vrai.

Le bilan d'une vie (l. 19 à 29)

De l'évocation de sa mère dont le destin est ainsi compris et justifié, Meursault passe, par le jeu d'une continuité toute naturelle («Et moi aussi», l. 19), au bilan de sa propre vie. Son état d'esprit actuel est, en effet, identique à celui qu'il vient de prêter à sa mère, comme le souligne la reprise de la même formule : «Et moi aussi, je me suis senti prêt à tout revivre» (l. 19-20).

L'explosion de violence à l'égard de l'aumônier («grande colère», l. 20) a eu sur Meursault un pouvoir cathartique : il s'est «purgé du mal» (l. 21) qui le dépossédait de lui-même. Désormais le voilà libre car «vidé d'espoir» (l. 21), de cet espoir qui empêche l'homme de saisir la vraie valeur de sa vie présente et qui l'aliène dans de fausses espérances. Pour Meursault – et, derrière lui, Camus – c'est l'absence d'espoir qui libère et permet d'accéder à la vérité de la vie. C'est elle, en effet, qui finit de donner à Meursault la conscience de la valeur de sa vie en tant qu'il l'a vécue et qu'il a été seul à la vivre. C'est en tant qu'elle est *sa* vie, son bien, sa possession inaliénable, qu'il la revendique au point d'être «prêt à tout revivre».

Du fait de cet abandon de tout espoir fallacieux, la symbiose avec la nature, annoncée dans le début de l'extrait, se fait plus totale encore : «je m'ouvrais pour la première fois à la tendre indifférence du monde» (l. 22-23). Le verbe «s'ouvrir» exprime l'idée d'une fusion complète de Meursault et du monde : Meursault communie totalement avec ce dernier dans la mesure où l'univers possède cette «indifférence» à laquelle il est lui-même parvenu. La nature se contente comme lui d'exister dans l'équivalence de toute chose et sans que s'établisse une quelconque hiérarchie de valeurs. Ainsi Meursault ne ressent aucunement cette «indifférence du monde» comme hostile mais, au contraire, comme «tendre» (l. 23), puisque c'est elle qui le rend «pareil» (l. 24) à lui-même et même «fraternel» (l. 24). Cette profonde complicité était déjà suggérée par la présence de «signes et d'étoiles» (l. 22). Cette formule, qui joue volontairement sur l'étymologie du mot «signes» (un des sens de *signum* en latin est en effet : «étoile»), insiste sur l'idée que la nature, tout en lui proposant son exemple («devant cette nuit», l. 21-22), lui fait signe, l'appelle à la rejoindre dans une complicité nouvelle et définitive.

Cette communion profonde avec la nature, à laquelle il arrive «pour la première fois» (l. 22-23), est ressentie avec intensité; comme le suggère le verbe «éprouver» (l. 24), son émotion acquiert la valeur d'une preuve irréfutable. Il mesure désormais le vrai sens de ce qu'il a vécu intuitivement tout au long de sa vie («j'ai senti que j'avais été heureux, et que je l'étais encore», l. 24-25). Appréhendant son existence à la lumière de ce qu'il vient de découvrir, il conclut à un bonheur qui, symptomatiquement, englobe la totalité de sa vie : bonheur passé («j'avais été heureux», l. 25), et bonheur présent («je l'étais encore», l. 25) se font écho. N'apparaît plus ici la rupture que représentait le meurtre de l'Arabe : Meursault sait maintenant que, malgré toutes les apparences – malgré le meurtre, la prison, la condamnation à mort –, sa vie, saisie dans sa totalité, a été heureuse; il sait qu'il est encore heureux en cet instant puisqu'il a abouti, au terme de son itinéraire, à la découverte de sa vérité.

Dès lors, Meursault peut attendre sereinement son exécution dans un rejet définitif du monde des hommes. La dernière phrase s'ouvre ainsi sur l'idée d'une rupture irréversible : «Pour que tout soit consommé» (l. 26) souligne à la fois la volonté de rendre impossible tout retour en arrière et d'aller jusqu'au bout d'une logique. Aussi Meursault formule-t-il le désir paradoxal «qu'il y ait beaucoup de spectateurs le jour de [son] exécution» (l. 27-28) : tout se passe en fait comme si Meursault acceptait, revendiquait même son étrangeté. Parvenu à un plein accord avec lui-même, Meursault choisit d'assumer cette image d'étranger que lui renvoie le regard social. Si, lors du procès, il récusait ce regard, il prend le parti de l'affronter totalement puisqu'il souhaite qu'à son exécution devenue spectacle le public soit le plus nombreux possible. C'est dans le même sens qu'il faut comprendre son souhait d'être accueilli «avec des cris de haine» : il attend un rejet qui le confortera dans ce qu'il sait désormais être. Aussi voit-il paradoxalement dans la présence du public un soutien :

«pour que je me sente moins seul» (l. 26-27). Revendiquant son caractère d'étranger, Meursault récuse, nous semble-t-il, toute pitié. Il pousse plus loin encore la logique qu'il a prêtée au destin de sa mère : il refusait que quiconque pleure sur elle; il souhaite maintenant être haï. Ainsi, dans une sorte de défi, assume-t-il totalement un destin qu'il a vécu d'abord sans le vouloir; à travers sa prise de conscience finale, il se le réapproprie dans un plein accord avec lui-même et avec le monde.

▬▬▬ CONCLUSION

Dans cette dernière page du roman, Meursault fait le bilan de sa vie. Le texte renforce cette impression à travers la reprise concertée de plusieurs éléments présents au début du texte : en effet, ces échos et ces modulations soulignent la valeur de clôture du passage.

Meursault livre ici l'image d'un homme réconcilié, assumant totalement sa propre vie et proclamant paradoxalement sa conviction d'avoir été heureux et d'être heureux. C'est que la proximité de la mort lui a apporté une libération : débarrassé des illusions fallacieuses de l'espoir, il a pu trouver une vérité qui lui appartient pleinement. D'avoir mesuré le prix de sa propre vie, d'avoir éprouvé la profonde complicité qui le lie à la nature, Meursault se découvre heureux et en plein accord avec lui-même. Conscient de cette vérité désormais atteinte, il revendique aussi son étrangeté face à une société qui, pour défendre des valeurs illusoires, l'a rejeté comme un dangereux perturbateur.

Bref, Meursault apparaît, en cette fin de roman, comme un homme libre, conscient et vrai, auquel peut légitimement aller, semble-t-il, toute la sympathie du lecteur. Si, dans la première partie du texte, Camus a présenté un «étranger» difficilement compréhensible, c'est en revanche l'image d'un compagnon et d'un frère qu'il propose désormais. Qu'on en vienne à oublier que Meursault a tué un homme n'est pas le moindre paradoxe d'un texte dont la critique s'est plu à souligner la complexité et l'ambiguïté.

Plan pour un commentaire composé

INTRODUCTION
- La dernière page du roman.
- Annonce du plan.

1. MEURSAULT ET LA NATURE
- Meursault en osmose complète avec la nature (les sens, p. 73; le rapprochement total, p. 76).
- Une nature qui s'oppose à celle du meurtre de l'Arabe (la nuit, la douceur, la fraîcheur p.73).
- Oubli complet de la prison (voir p. 73).

2. MEURSAULT ET LES HOMMES
- Éloignement radical du monde des hommes (voir les sirènes, p. 74).
- Rejet des valeurs communément admises (voir p. 75).
- Aspiration aux cris de haine pour sanctionner cet éloignement définitif (voir p. 78).

3. LE SYSTÈME DE MEURSAULT
- Mère et fils : deux vies légitimées (voir pp. 74-75).
- La philosophie de Meursault (voir pp. 76-77).

CONCLUSION
- Conclusion d'un itinéraire.
- Un système philosophique.

LITTÉRATURE

TEXTES EXPLIQUÉS

- 160 **Apollinaire,** Alcools
- 131 **Balzac,** Le père Goriot
- 141/142 **Baudelaire,** Les fleurs du mal / Le spleen de Paris
- 135 **Camus,** L'étranger
- 159 **Camus,** La peste
- 143 **Flaubert,** L'éducation sentimentale
- 108 **Flaubert,** Madame Bovary
- 110 **Molière,** Dom Juan
- 166 **Musset,** Lorenzaccio
- 161 **Racine,** Phèdre
- 107 **Stendhal,** Le rouge et le noir
- 104 **Voltaire,** Candide
- 136 **Zola,** Germinal

ORAL DE FRANÇAIS

- **12 sujets corrigés**
    - 167 **Baudelaire,** Les fleurs du mal
    - 168 **Molière,** Dom Juan

- **Groupement de textes**
    - 94 La nature : Rousseau et les romantiques
    - 95 La fuite du temps
    - 97 Voyage et exotisme au XIXᵉ siècle
    - 98 La critique de la société au XVIIIᵉ siècle
    - 106 La rencontre dans l'univers romanesque
    - 111 L'autobiographie
    - 130 Le héros romantique
    - 137 Les débuts de roman
    - 155 La critique de la guerre
    - 162 Paris dans le roman au XIXᵉ siècle

HISTOIRE LITTÉRAIRE

- 114/115 50 romans clés de la littérature française
- 119 Histoire de la littérature en France au XVIᵉ siècle
- 120 Histoire de la littérature en France au XVIIᵉ siècle
- 139/140 Histoire de la littérature en France au XVIIIᵉ siècle
- 123/124 Histoire de la littérature et des idées en France au XIXᵉ siècle
- 125/126 Histoire de la littérature et des idées en France au XXᵉ siècle
- 128/129 Mémento de littérature française
- 151/152 Le théâtre

FORMATION

EXPRESSION ÉCRITE ET ORALE

- 306 Trouvez le mot juste
- 307 Prendre la parole
- 310 Le compte rendu de lecture
- 311/312 Le français sans faute
- 323 Améliorez votre style, tome 1
- 365 Améliorez votre style, tome 2
- 342 Testez vos connaissances en vocabulaire
- 426 Testez vos connaissances en orthographe
- 390 500 fautes de français à éviter
- 391 Écrire avec logique et clarté
- 398 400 citations expliquées
- 415/416 Enrichissez votre vocabulaire
- 424 Du paragraphe à l'essai

LE FRANÇAIS AUX EXAMENS

- 422/423 Les mots clés du français au bac
- 303/304 Le résumé de texte
- 417/418 Vers le commentaire composé
- 313/314 Du plan à la dissertation
- 324/325 Le commentaire de texte au baccalauréat
- 394 L'oral de français au bac
- 421 Pour étudier un poème

BONNES COPIES DE BAC

- 317/318 Bonnes copies Le commentaire composé
- 319/320 Bonnes copies Dissertation, essai
- 363/364 Bonnes copies, Technique du résumé et de la discussion

---

Aubin Imprimeur
LIGUGÉ, POITIERS

Achevé d'imprimer en mars 1996
N° d'édition 15361
N° d'impression L 51089
Dépôt légal mars 1996
Imprimé en France